I0113526

LES VRAIS

PRINCIPES DE LA LECTURE, DE L'ORTHOGRAPHE ET DE LA PRONONCIATION FRANÇAISE,

PAR M. VIARD;

OUVRAGE utile aux Enfans, qu'il conduit par degrés de l'alphabet à la connaissance des règles de la prononciation, de l'orthographe, de la ponctuation, de la grammaire et de la prosodie Française, principalement destiné aux Etrangers, auxquels on s'est proposé d'abréger l'étude de notre langue; et généralement adopté dans toutes les Ecoles de France.

NOUVELLE ÉDITION CORRIGÉE,

Et augmentée d'une Instruction sur la manière de faire lire ou réciter les Fables aux Enfans.

AVEC FIGURES.

BIBLIOTHÈQUE ROYALE

A MARSEILLE,
Chez JEAN MOSSY, Imprimeur du Roi, et Libraire, à la Canebière.

1835.

X 1266.
G. 18.

12941

INSTRUCTION

Pour les Personnes qui enseignent à lire.

On ne s'est pas assez appliqué jusqu'ici à faire connaître aux enfans, ce que chaque lettre est en elle-même. La première attention que l'on doit avoir, c'est de déterminer le son propre à chaque lettre. On leur a donné ici une dénomination particulière, afin de mieux faire sentir l'inflexion de voix que chaque lettre exige, et qui la distingue d'une autre lettre à laquelle elle serait unie.

On a mis à côté de chaque consonne de l'Alphabet romain, le son simple ou double qu'elle doit avoir.

La dénomination qu'on a donnée aux consonnes n'est pas une nouveauté; elle est établie depuis long-temps par la Grammaire du Port-Royal, et par plusieurs autres bons ouvrages de ce genre.

Jusqu'ici, pour nommer les lettres F, H, L, M, N, R, S, X, on a fait dire aux enfans *effe*, *hache*, *elle*, *eme*, *ene*, *ere*, *esse*, *ixe*. On a cru qu'il serait mieux de mettre une voyelle à la suite de la consonne, et de faire prononcer *fe*, *he*,

A 2

le, *me*, *ne*, *re*, *se*, *kse* ou *gse*. Il est bien plus simple de ne faire entendre, après les lettres F, H, L, etc. qu'un *e* très-sourd, que de le faire procéder d'un *è* ouvert, qui laisse toujours subsister l'*e* sourd. Cette manière de prononcer épargne le son de l'*è* ouvert, par où commence *effe*, *elle*, etc. On y gagne aussi le son de l'*i* dans *ixe*, et le son de *ha* et de *che*, qui se trouvent dans *hache*, et qui n'ont aucun rapport avec le son de la lettre *h*, par-tout où elle est employée. Il est étonnant que le bons sens n'ait pas encore fait réformer l'ancienne manière de dénommer les consonnes. Il est encore plus surprenant qu'on n'ait pas aperçu l'inconvénient de faire épeler les Enfans. Epeler, c'est, par exemple, pour prononcer le mot *bale*, faire dire, *be*, *a*, *ba* ; *elle*, *e*, *le* : *bale*. *Be*, *é*, *bé*, *te*, *e*, *te* : *bête*. Il suffit de réfléchir sur le peu de rapport qu'il y a entre tous ces sons détachés et le mot qu'ils forment, pour s'apercevoir que la méthode que l'on adopte ici est la seule bonne, et la seule qu'il faut préférer. Toute l'opération consiste à simplifier les sons.

Règle générale : les Maîtres doivent

faire attention de faire prononcer le *b*, dans l'alphabet ; comme on le prononce dans la dernière syllabe de mot *tombe ; il tombe.* Il faut aussi qu'ils fassent prononcer toutes les autres consonnes avec un *e* muet ; et à la vue de la lettre D, C, etc. faire dire *de*, comme dans ron*de* et deman*de ; ce*, comme dans ron*ce*, constan*ce*.

Pour ne point embarrasser l'élève qu'on instruit, il ne faut pas qu'on lui fasse lire rien de ce qui paraît mis pour instruire celui qui enseigne.

Il est encore essentiel d'avertir tout le monde de ne pas enjamber d'une page à l'autre, mais d'aller de leçon en leçon. Il est indispensable de faire répéter à la fin de chaque semaine, ce qu'on a appris à l'enfant que l'on instruit.

ALPHABET EN CARACTÈRE ROMAIN.

Figure de la lettre.   *Nom de la lettre.*

a	
b	be
c	ce *ou* que
d	de
e	e
f	fe
g	ge *ou* gué
h	he
i	
j	je
k	ke
l	le
m	me
n	ne
o	
p	pe
q	que
r	re
ſ *ou* s	fe *ou* ze
t	te *ou* si
u	
v	ve
x	kse *ou* gze
y	i *ou* ye
z	ze

ALPHABET EN CARACTÈRE ITALIQUE.

Figure de la lettre.	*Nom de la lettre.*
a	
b	*be*
c	*ce* ou *que*
d	*de*
e	
f	*fe*
g	*ge* ou *gue*
h	*he*
i	
j	*je*
k	*ke*
l	*le*
m	*me*
n	*ne*
o	
p	*pe*
q	*que*
r	*re*
ſ ou *s*	*se* ou *ze*
t	*te* ou *si*
u	
v	*ve*
x	*kse* ou *gze*
y	*i* ou *ye*
z	*ze*

ALPHABET EN LETTRES MAJUSCULES.

Figure de la lettre.	Nom de la lettre.
A	
B	BE
C	CE *ou* QUE
D	DE
E	
F	FE
G	GE *ou* GUE
H	HE
I	
J	JE
K	KE
L	LE
M	ME
N	NE
O	
P	PE
Q	QUE
R	RE
S	SE *ou* ZE
T	TE *ou* SI
U	
V	VE
X	KSE *ou* GZE
Y	I *ou* YE
Z	ZE

INSTRUCTION

Pour les Personnes qui enseignent à lire.

Pour s'assurer que l'élève connaît bien son alphabet, faites-le lui dire renversé, mêlé de toutes les manières possibles. Faites-lui toujours prononcer ou dénommer les consonnes comme elles sont marquées dans l'alphabet.

L'on doit remarquer dans ces premières leçons, que tout ce qui est discours et raisonnement, est fait pour le Maître, et non pour l'élève. On ne doit attacher le disciple qu'à ce qui est destiné aux leçons qui sont à sa portée.

Dites de vive voix à votre élève ; Les lettres se divisent en voyelles et en consonnes. Il y a cinq voyelles et dix-neuf consonnes. Les voyelles sont :

A. E. I, *ou* Y. O. U.

Les dix-neuf consonnes sont :

B. C. D. F. G. H. J. K. L. M. N. P. Q. R. S. T. V. X. Z.

Consonnes et voyelles mêlées ensemble.

c. d. b. g. a. m. n. o. p. q. e. r. f. t. v. u. x.

A 5

z. i. h. b. f. g. d. e. c. h. m. n. j. a. l. r.
s. t. u. x. o. z.

Voyelles renversées.

u. o. y, *ou* i. e. a.

Alphabet renversé, en romain.

z. y. x. v. u. t. s. r. q. p. o. n. m. l. k. j. i.
h. g. f. e. d. c. b. a.

Alphabet mêlé, en romain.

p. k. n. r. m. e. d. u. j. l. g. s. z. q. b h.
c. i. a. f. x. o. t. y. v.

Alphabet mêlé, en romain, en italique, et en capitales.

j. b. a. z. r. x. h. g. n. s. c. P. U. I. D. O.
T. E. M. Q. L. F. V. H.
a. Z. b. y c. X. d. v. e. U. f. t. g. S. h. r. i.
Q. j. P. k. o. l n. M.

Alphabet en capitales, romain.

A. B. C. D. E. F. G. H. I. J. K. L. M. N.
O. P. Q. R. S. T. U. V. X. Y. Z.

Alphabet en romain, italique et capitales.

A. b. c. D. e. f. g. H. i. j. K. l. m. n. O. p.
q. R. s. f. t. u. v. x. y. z.

INSTRUCTION

Pour les Personnes qui enseignent à lire.

Dès que l'élève distingue bien les lettres, il faut lui faire connaître les caractères qui varient leurs intonations.

Les pages suivantes sont destinées à donner une première idée des caractères qu'on appelle *accens;* des trois sortes d'*e*, des deux *u v*, des deux *i j*, et des six consonnes qui ont un son double. On a cru devoir mettre ce tableau sous les yeux des Maîtres et Maîtresses, pour les avertir d'en donner aux enfans les premières notions.

Pour apprendre à distinguer les accens, il faut ne montrer que la colonne où ils se trouvent marqués. Ce qui est placé à côté d'eux, est destiné à instruire la personne qui les enseigne.

Il faut ensuite tâcher de faire entendre à l'élève, que les différentes sortes d'*e* viennent de ce que les accens dont ils sont marqués, leur donnent une articulation plus ou moins prononcée, parce qu'on appuie plus ou moins sur elles en les prononçant.

On a mis en marge des voyelles marquées d'un accent, des mots qui servent

A 6

à déterminer la manière dont le Maître doit faire prononcer chaque voyelle. Pour le découvrir, il n'a qu'à prononcer les mots qui se trouvent dans les exemples.

Il faut faire remarquer que la même lettre se prononce différemment, dès qu'elle est marquée d'un accent aigu, grave, ou circonflexe ; et que cette prononciation est toute différente, lorsqu'il n'y a point d'accent.

Dites de vive voix à votre élève, en lui montrant les accens : Il y a trois accens ; l'accent aigu ', l'accent grave ', et l'accent circonflexe ^.

(') L'accent aigu ' est un caractère qui va de droite à gauche.

(') L'accent grave ' est un caractère qui va de gauche à droite.

(^) L'accent circonflexe ^ est un caractère formé des deux autres accens réunis et adossés ; il se met sur les cinq voyelles lorsqu'elles se prononcent lentement, comme dans les mots *âge*, *bête*, *fîle*, *dôme*, *mûse*, etc.

Dites aussi à votre élève, sans montrer autre chose que les caractères rangés perpendiculairement les uns sur les autres, qu'il y a deux sortes d'*i* ; l'*i* voyelle et l'*j* consonne.

i L'*i* voyelle se figure *i*, et se prononce *i*.

j L'*j* consonne se figure *j*, et se prononce *je*.

Il y a aussi deux sortes d'*u*; l'*u* voyelle et l'*v* consonne.

u L'*u* voyelle se figure *u*, et se prononce *u*.

v L'*v* consonne se figure *v*, et se prononce *ve*.

Les deux *j i* et les deux *u v* se trouvent dans le mot *juive*.

Faites remarquer qu'il y a trois sortes d'*e*; l'*e* muet, l'*é* fermé, l'*è* ouvert.

e L'*e* muet est l'*e* qui se prononce sourdement : c'est celui qui n'a point d'accent, comme on peut le voir dans les mots *loge*, *prince*, etc.

é L'*é* fermé est celui qui a un accent de droite à gauche, *c'est l'accent aigu é*, comme dans les mots *santé*, *bonté*.

è L'*è* ouvert est celui qui a un accent de gauche à droite; *c'est l'accent grave è*, comme dans les mots *accès*, *procès*, *abcès*, etc.

En montrant à votre élève les lettres *e*, *é*, *è*, *é*, faites prononcer :

e L'*e* muet, comme dans la dernière syllabe du mot *pa-re*.

é L'*é* fermé , comme dans la dernière
    syllabe des mots *pa-ré*, *pa-vé*.

è L'*è* ouvert, comme dans le mot *très*.

ê L'*ê* marqué d'un accent circonflexe ,
    comme dans la première syllabe des
    mots *bê-te* , *tê-te*.

o L'*o* comme dans la première syllabe
    du mot *to-me*.

ô L'*ô* marqué d'un accent circonflexe ,
    comme dans la première syllabe
    du mot *dô-me*.

a L'*a* comme dans la première syllabe
    du mot *ta-ble*.

â L'*â* marqué d'un accent circonflexe,
    comme dans la première syllabe du
    mot *pâ-te*.

i L'*i* comme dans la première syllabe
    du mot *hi-ver*.

î L'*î* marqué d'un accent circonflexe ,
    comme dans la première syllabe du
    mot *fî-le*.

u L'*u* comme dans la première syllabe
    du mot *tu-be*.

û L'*û* marqué d'un accent circonflexe,
    comme dans la première syllabe du
    mot *mû-se*.

Apprenez aussi à votre élève qu'il y a six
consonnes qui ont un son double : ce sont,

c. g. h. s. t. x.

c se prononce *se, ss,* devant *e, i; Ciceron.*

c se prononce *ka, ko, ku,* devant *a,
o, u; cave, côte, curé.*

g se prononce *je, ji,* devant *e, i; genou,
gibier.*

g se prononce *ga, go, gu;* devant *a, o, u;
gâteau, gosier, guenon.*

g se prononce *g, j,* dans le mot *gage.*

h se prononce *há, hê, hi, ho, hu,* dans
háte, hêtre, hibou, hotte, hûre; alors
on l'appelle *h* aspirée.

h ne se prononce point du tout dans
habit, Hélène, hiver, hôte, huit;
alors on l'appelle *h* non aspirée.

s se prononce *sa, se, si, so, su,* au commencement des mots *sale, sève,
sire, sole, suite.*

s se prononce *z,* entre deux voyelles,
case, lésé, bise, dose, ruse, etc.

t se prononce *ti,* au commencement
des mots *tige, tigre, tison,* etc.

t se prononce *si,* dans *abbatial, ambitieux, ambition, captieux,* etc.

x se prononce *kse,* dans *Alexandre,
Alexis.*

x se prononce *gz,* dans *examen, exau-
cer, exemple.*

INSTRUCTION

Pour les Personnes qui apprennent à lire.

L'ÉLÈVE connaissant bien exactement les consonnes, les différentes articulations que leur donnent les voyelles *a* , *e* , *i* , *o* , *u* , et celles que les voyelles empruntent des accens , il faut lui faire lire de suite la table où toutes les consonnes sont unies avec toutes les voyelles. Elle commence par *ba* , *be* , *bé* , *bè* , etc. Il faut lui faire lire d'abord chaque ligne horisontalement , c'est-à-dire, *ba* , *be* , *bé* , *bè* , *bi* , *bo* , *bu;* passer ensuite , à la seconde colonne : observer sur-tout de ne le point faire épeler en l'aidant à prononcer les sons et les syllabes ; ainsi il ne faut pas lui faire dire *be* , *a* , *ba;* *be* , *e* , *be;* *be* , *i* , *bi;* mais tout d'un coup *ba* , *be* , *bi :* L'avantage de cette méthode est de faire connaître que les consonnes ont toujours besoin d'une voyelle pour être articulées ; que *b* devant *a* s'appelle *ba ; b* devant *o* , s'appelle *bo* , etc.

Sons formés d'uns consonne et d'une voyelle.

Ba	be	bé	bè	bi	bo	bu
ca	ce	cé	cè	ci	co	cu
da	de	dé	dè	di	do	du
fa	fe	fé	fè	fi	fo	fu
ga	ge	gé	gè	gi	go	gu
ha	he	hé	hè	hi	ho	hu
ja	je	jé	jè	ji	jo	ju
la	le	lé	lè	li	lo	lu
ma	me	mé	mè	mi	mo	mu
na	ne	né	nè	ni	no	nu
pa	pe	pé	pè	pi	po	pu
qua	que	qué	què	qui	quo	quu
ra	re	ré	rè	ri	ro	ru
sa	se	sé	sè	si	so	su
ta	te	té	tè	ti	to	tu
va	ve	vé	vè	vi	vo	vu
xa	xe	xé	xè	xi	xo	xu
ya	ye	yé	yè	yi	yo	yu
za	ze	zé	zè	zi	zo	zu

INSTRUCTION

Pour les Personnes qui enseignent à lire.

Dès que l'élève connaît bien les sons différens qui résultent de l'union de toutes les voyelles avec les consonnes, il faut s'attacher à lui faire lire le tableau alphabétique des mots de deux syllabes : on s'est attaché à n'y mettre que des sons qui se trouvent dans le tableau , et qui sont formés d'une consonne et d'une voyelle.

Il faut suivre le même procédé aux pages 20 et 21 ; ces deux pages présentent une double nouveauté , en ce que , premièrement, la voyelle qui, à la page 17, se trouve après la consonne *b*, etc. se trouve ici avant cette même consonne *b*; secondement , en ce que les mots de la vingt-unième page , formés des sons de la vingtième , sont de trois syllabes.

Les pages 22 et 23 présentent deux tables de mots de quatre syllabes. La première syllabe de chaque colonne commence par l'une des cinq voyelles , mises tantôt après la consonne , et tantôt avant la même consonne , autant qu'il a été possible de le faire.

*Mots de deux syllabes formés des mêmes
sons.*

Ba le, bê te, bî se,   bu te,
ca ve, cè ne, ci re, · cô ne, cu ve,
da me, de mi, dî me, dô me, du pe,
fa ce, fê lé, fî le, fo ré, fu té,

ga ge, gê ne, gî te, go be, gu é,
hâ le, hè re, hi re, hô te, hu re,
Ja va, Je su,   jo li, ju ge,
la ve, le vé, li me, lo ge, lu ne,

mâ le, mè re, mi ne, mo de, mu le,
na pe,   Ni ce, nô ce, nu e,
Pa pe, pè re, pi pe, pô le, pu ce,
qua si, quê te, Qui to, quô te,

ra ve, rê ve, ri me, ro be, ru se,
sa le, sè ve, si re, so le, Su ze,
ta xe, tê te, ti ge, to me, tu be,
va se, ve lu, vi ce, vo lé, vu e,

Sons formés d'une voyelle et d'une consonne.

Ab	eb	éb	èb	ib	ob	ub
ac	ec	éc	èc	ic	oc	uc
ad	ed	éd	èd	id	od	ud
af	ef	éf	èf	if	of	uf

ag	eg	ég	èg	ig	og	ug
al	el	él	èl	il	ol	ul
am	em	ém	èm	im	om	um
an	en	én	èn	in	on	un

ap	ep	ép	èp	ip	op	up
aq	eq	éq	èq	iq	oq	uq
ar	er	ér	èr	ir	or	ur
as	es	és	ès	is	os	us

at	et	ét	èt	it	ot	ut
av	ev	év	èv	iv	ov	uv
ax	ex	éx	èx	ix	ox	ux
az	ez	éz	èz	iz	oz	uz

Mots de trois syllabes , formés des
mêmes sons.

Ab ba tu,	é bè ne,	o bo le,
ac cu sé,	é co le,	oc cu pé,
ad mi ré,	E di le,	i do le,
af fu té,	ef fa cé,	of fi ce,

a ga cé,	é ga ré,	i gn ée,
al lu re,	é lo ge,	o li ve,
am bi gu,	em bal lé,	i ma ge,
an nu el,	en ne mi,	in vi té,

ap pel lé,	é pi lé,	o pé ra,
a qua ti que,	é qui no xe,	
ar rê té,	er ro né,	ir ri té,
as si du,	es ti me,	Is ma ël,

At ta le,	é to fe,	u ti le,
a va re,	é vi té,	o va le,
a xi o me,	ex ta se,	I xi on,
A zi me,	O zé e,	O zi as,

Mots, la plupart de quatre syllabes, formés des sons précédens.

Ba di na ge,	bé né fi ce,	bi ga ra de,
ca pi ta le,	cé lé ri té,	ci vi li té,
ac ti vi té,	é co li er,	ic té ri que,
da ri o le,	dé fi gu ré,	di vi ni té,
ad di ti on,	é di fi ce,	I du mé en,
fa ci li té,	fé li ci té,	fi dé li té,
af fi na ge,	ef fi ca ce,	I phi gé ni e,
Ga ni mè de,	gé né ra le,	gi bé ci è re,
ha bi tu de,	hé ro ï que,	Hi po li te,
la ti tu de,	lé gè re té,	li mo na de,
al li an ce,	el lé bo re,	il lu si on,
ma gi ci en,	mé de ci ne,	mi né ra le,
A ma zo ne,	é mé ti que,	im mé di at,
na ti vi té,	né ga ti ve,	Ni co la ï,
a né an ti,	en ne mi e,	in dé fi ni,
pa ci fi que,	pé le ri ne,	py ra mi de,
a pa na ge,	é pi so de,	i pé ca cu a na
ra ta ti né,	ré vo lu ti on,	ri di cu le,
ar ti fi ce,	er ro né,	i ro ni e,
sa ga ci té,	sé cu ri té,	si mo ni e,
as so ci é,	e xé cu té,	Is sa char,
ta ni è re,	Es cu la pe,	ti mi di té,
at ti tu de,	té mé ri té,	I ta li e,
va ca ti on,	é ta la ge,	vi va ci té,
a va ri ce,	Vé ro ni que,	I vi ce,
ex a gô ne,	é va po ré,	e xi lé,

Mots, la plupart de quatre syllabes, formés
des sons précédens.

Bo ta ni que,	bu co li que,
co mé di en,	cu pi di té,
oc ca si on,	oc to gô ne,
do ci li té,	du pe ri e,
o di eu se,	
fol li cu le,	fu ti li té,
of fi ci al,	
go si er,	gut tu ra le,
ho nê te té,	hu mi li té,
lo gi ci en,	lu na ti que,
o li vi er,	ul cè re,
mo no po le,	mu tu el le,
om bra ge,	om bi lic,
no va ti on,	nu mé ra le,
on da ti on,	u na ni me,
po li gô ne,	pu ri fi é,
o pi ni on,	
ro tu ri er,	ru ba ni er,
or tho do xe,	ur ba ni té,
so li tu de,	su jé ti on,
o si er,	u su ri er,
to pi que,	tu li pe,
ot to ma ne,	u té ri ne,
vo la ti le,	vul ga te,
o va ti on,	
E xo de,	ex hu mé,

INSTRUCTION

Pour les Personnes qui enseignent à lire.

Il y a des mots qui commencent par deux consonnes ; on a réuni sous un même coup-d'œil les combinaisons différentes qu'elles peuvent former. La colonne qui les renferme est une des plus essentielles de cette méthode.

En prononçant les sons *ble* , *bre* , etc. il faut avoir soin de ne pas faire épeler. Au lieu de faire dire à l'enfant , *be* , *elle* , *ble ; be* , *ere* , *bre* , il faut lui faire prononcer tout de suite et sans épeler , *ble* , *bre* , comme on prononce la dernière syllabe des mots *table* , *sable*.

Les pages 28 , 29 , 30 , 31 , sont composées de mots et de sons formés de plusieurs consonnes et de simples voyelles. Un enfant n'aura pas grande difficulté à les prononcer lorsqu'il aura été bien exercé sur les pages 25, 26 et 27 ; il faut pour cela , lui faire prononcer exactement chaque son , sans en décomposer les lettres , en suivant l'ordre des cinq voyelles ; et ensuite perpendiculairement , c'est-à-dire, en faisant parcourir chaque colonne de haut en bas et de bas en haut.

Sons

Sons formés de deux consonnes et d'une voyelle.

Bla	ble	bli	blo	blu
bra	bre	bri	bro	bru
cha	che	chi	cho	chu
chra	chre	chri	chro	chru
cla	cle	cli	clo	clu
cra	cre	cri	cro	cru
dra	dre	dri	dro	dru
fla	fle	fli	flo	flu
fra	fre	fri	fro	fru
phra	phre	phri		
pha	phe	phi	pho	phu
phla	phle	phli	phlo	phlu
gla	gle	gli	glo	glu
gna	gne	gni	gno	gnu
gra	gre	gri	gro	gru
pla	ple	pli	plo	plu
pra	pre	pri	pro	pru
rha	rhe	rhi	rho	rhu
sça	sçe	sçi		
sca			sco	scu
spa	spe	spi	spo	spu
sta	ste	sti	sto	stu
tha	the	thi	tho	thu
thra	thre	thri	thro	thru
tra	tre	tri	tro	tru
vra	vre	vri	vro	

B

*Sons formés des mêmes deux consonnes et d'une
voyelle dans un ordre renversé.*

Vra	vre	vri	vro	
tra	tre	tri	tro	tru
thra	thre	thri	thro	
tha	the	thi	tho	thu
sta	ste	sti	sto	stu
spa	spe	spi	spo	spu
sca			sco	scu
sça	sçe	sçi		
rha	rhe	rhi	rho	rhu
pra	pre	pri	pro	pru
pla	ple	pli	plo	plu
gra	gre	gri	gro	gru
gna	gne	gni	gno	gnu
gla	gle	gli	glo	glu
phla	phle	phli	phlo	phlu
pha	phe	phi	pho	phu
phra	phre	phri		
fra	fre	fri	fro	fru
fla	fle	fli	flo	flu
dra	dre	dri	dro	dru
cra	cre	cri	cro	cru
cla	cle	cli	clo	clu
chra	chre	chri	chro	chru
cha	che	chi	cho	chu
bra	bre	bri	bro	bru
bla	ble	bli	blo	blu

Sons formés des deux mêmes consonnes et d'une voyelle.

Tha	the	thi	tho	thu
gla	gle	gli	glo	glu
dra	dre	dri	dro	dru
bla	ble	bli	blo	blu
sca			sco	scu
gra	gre	gri	gro	gru
sta	ste	sti	sto	stu
pla	ple	pli	plo	plu
fla	fle	fli	flo	flu
chra	chre	chri	chro	chru
rha	rhe	rhi	rho	rhu
tra	tre	tri	tro	tru
pra	pre	pri	pro	pru
cha	che	chi	cho	chu
phra	phre	phri		
pha	phe	phi	pho	phu
cla	cle	cli	clo	clu
vra	vre	vri	vro	
thra	thre	thri	thro	
spa	spe	spi	spo	spu
sça	sçe	sçi		
gna	gne	gni	gno	gnu
phla	phle	phli	phlo	phlu
fra	fre	fri	fro	fru
cra	cre	cri	cro	cru
bra	bre	bri	bro	bru

Mots de différentes syllabes composées des sons précédens.

blâ me ,	blê me ,
bra ve ,	brê ve ,
chas se ,	chê ne ,
Chram ne ,	Chrè me ,
cla vi er ,	clé men ce ,
cra be ,	crè che ,
dra pé ,	dres sé ,
flat té ,	flê che ,
fra cas ,	frè re ,
phra se ,	phré né si e ,
gla ce ,	glè be ,
I gna ce ,	A gnès ,
gra pe ,	grê le ,
pha re ,	phé nix ,
phlé bo to mi e ,	phleg ma ti que ,
pla ce ,	plé ni er ,
pra ti que ,	prê tre ,
rha bil lé ,	rhé teur ,
sa vant ,	scè ne ,
Sca ron ,	Sca man dre ,
spa dil le ,	spé ci fi que ,
sta de ,	Sté tin ,
Tha li e ,	thê me ,
Thra ce ,	tré sor ,
tra pe ,	trè ve ,
i vre ,	I vri ,

Mots de différentes syllabes, composés
des sons précédens.

blin de,	blo qué,	blu te,
bri sé,	bro dé,	bru ne,
chi le,	cho se,	chû te,
Chris ti ne,	chro ni que,	chru din,
Cli mè ne,	clo che,	Clu ny,
cri me,	cro che,	cru che,
dri a de,	drô le,	Dru i de,
fli pot,	flo re,	flû te,
fri sé,	fro té,	fru gal,
Phri gi e,		
glis sa de,	glo be,	glu ant,
di gni té,	i gno ré,	ro gnu re,
gri ve,	grot te,	gru ri e,
phy si que,	phos pho re,	
Pli ne,	plom bé,	plu me,
pri me,	prô ne,	pru ne;
Rhin,	Rhô ne,	rhu me,
Si am,	scis si on,	sci u re,
Scot,	scor pi on,	Scu de ri,
spi ra le,	spon dé e,	
sti le,	sto rax,	stu pi de,
thim,	Tho mas,	Thu ci di de
	trô ne,	
Tri po li,	tro pe,	tru fe,
	i vro gne,	

Mots de différentes syllabes , composés des sons précédens.

blan chir,
bras se ri e,
char ni er,
clas si que ,
cram po né,
drag me ,
flat te ri e ,
fran chir,
glan du le,
i gna re ,
gras sé yer,
phan tô me,
plai do yer,
prag ma ti que
Rha da man te
scan da le ,
spa tu le ,
stan ce ,
tran quil le ,

bles su re ,
Bres se ,
Cher so nè se
cler gé ,
cres se le ,
Dres de ,
fleu ret te,
fré quen ce,
glet te ,
in di gne ,
Gre na de ,
Phé ni ci e ,
plé ni tu de ,
pren dre ,
rhé to ri que,
scè ne ,
spec ta cle,
ster ling ,
tren ti è me,

blin da ge,
brim ba le ,
chif fo né ,
clis tè re ,
cris ta lin ,
dril le ,
flic flac ,
fric ti on ,
glis sa de ,
di gni té ,
gri ot te,
phil tre ,
plis su re ,
prin ci pa le
rhi no cé ros
sçi a ge,
spi ri tu el ,
stig ma te,
tris tes se,

*Mots de différentes syllabes composés
des sons précédens.*

blon di ne,	blu et te,
bron zé,	brus que ri e,
cho co lat,	chû te,
clo chet te,	Clu nis te,
cros se,	Cru ci fix,
dro gue,	Dru i de,
flot ta ge,	flu xion,
fron de,	frus tré,
glo bu le,	glu ti na tif,
i gno ré,	ro gnu re,
gros se,	gru ri e,
phos pho re,	phy si que,
plon geon,	plu ma ge,
pros crit,	pru den ce,
rho do mon ta de,	rhu ma tis me,
scor pi on,	Scu dé ri,
spon ta né,	spu mo si té,
sto ma cal,	stu pi di té,
trom pe ri e,	tru i te,

INSTRUCTION

Pour les personnes qui enseignent à lire.

Sɪ les consonnes empruntent des voyelles des sons différens, les voyelles unies les unes aux autres, forment avec les consonnes dont elles sont suivies, des sons infiniment variés, sur lesquels il est important de fixer l'attention des jeunes personnes. Les tables suivantes offrent un grand nombre de sons tous formés de l'union de plusieurs voyelles. Afin de sauver aux personnes qui instruisent, l'embarras de les articuler avec netteté, on a mis à côté de chaque son, des mots dans lesquels sont employés les sons qu'on doit faire prononcer à un enfant.

Il faut faire remarquer aux élèves les articulations différentes que donnent aux voyelles les deux points qu'elles portent en tête, comme dans *laïc*, *aëré*, etc.

Voyelles unies à d'autres voyelles, ou placées à leur suite, et formant avec les consonnes ou les voyelles dont elles sont suivies, une ou plusieurs syllabes.

on prononce	comme dans	on prononce	comme dans
Ae	aë ré	aon	Paon
æe	Æa que	août	Août
aen	Caen	aoux	chaoux
ai	bal ai	au	Pau
aî	laî tière	aüs	E maüs
aï	laïc	aud	chaud
aie	haie	aul	Paul
aient	paient	aulx	faulx
aïeul	bis aïeul	aoul	saoul
aïde	A dél aïde	aur	Maur
ail	bail	aut	faut
aille	ca naille	aux	chaux
aim	es saim	ay	Cay lus
ain	pain	aya	ba laya
ains	mains	ayé	rayé
aint	craint	ayen	Bis cayen
air	chair	ayer	bé gayer
aire	capil laire	ayeux	Bayeux
ais	dais	ayon	crayon
aïs	maïs		
ait	fait	ea	man gea
aix	paix	ean	Jean
ao	Ca cao	eant	affli geant

B 5

on prononce	comme dans	on prononce	comme dans
éal	Bo r*éal*	euil	d*euil*
éar	B*éar* nais	euille	f*euille*
éat	b*éat*	eur	p*eur*
eau	gâ t*eau*	eut	p*eut*
eaux	moi n*eaux*	eux	d*eux*
ée	nu*ée*	ey	Bu g*ey*
éen	Idu m*éen*		
ées	a ch*ées*	iable	châ t*iable*
éïa	pl*eïa* de	iade	Dr*iade*
éide	Né r*éïde*	ia	ma r*ia* ge
eil	or t*eil*	ial	offi c*ial*
eille	bou t*eille*	iam	S*iam*
éïen	ple b*éïen*	ian	al l*ian* ce
eim	Ben h*eim*	iand	fr*iand*
ein	fr*ein*	iard	l*iard*
eindre	f*eindre*	ias	O s*ias*
eint	p*eint*	iat	o p*iat*
eing	s*eing*	iâtre	opi n*iâtre*
eio	An g*eïo* logie	iau	fa bl*iau*
eoir	as s*eoir*	iaux	bes t*iaux*
eois	bour g*eois*	ie	p*ie*
éole	al v*éole*	iée	ma r*iée*
eon	pi g*eon*	iel	m*iel*
eot	mi g*eot* er	ième	tren t*ième*
eu	bl*eu*	ien	magi c*ien*
euf	b*euf*	icux	Br*icux*
eufs	n*eufs*	ient	t*ieut.*

on prononce	comme dans	on prononce	comme dans
ier	char *tier*	oo	coo pérateur
ière	ta *nière*	ou	*fou*
iers	*fiers*	ouac	bi *vouac*
iette	*diette*	ouade	es *couade*
ieu	*lieu*	ouage	*Brouage*
ieue	ban *lieue*	oud	*coud* e
ieux	*pieux*	oue	Cor *doue*
io	Cl*io*	oué	*doué*
iole	ba b*iole*	ouer	a *vouer*
iu	A b*iu*	ouet	*jouet*
ya	Dr*ya* de	ouette	*chouette*
yen	Ca *yen* ne	oug	*joug*
yer	plaido *yer*	oui	ré *joui*
yon	Ba *yon* nais	ouie	*ouie*
		ouin	ba *bouin*
oa	*coa* guler.	ouil	*bouil* li
oard	bé *zoard*	ouille	ci *trouille*
œil	*œil*	ouir	é va*nouir*
œufs	*œufs*	ouis	*bouis*
œur	*sœur*	oul	Capi *toul*
œu	*œu* vre	oup	*coup*
oé	*coé* ternel	our	a *mour*
oë	*coë* ffe	ourd	*lourd*
oi	ef *froi*	ours	*jours*
oî	*croî* tre	oux	cour *roux*
oï	*Moï* se	oust	*acoust* ique
oie	*joie*		

B 6

on prononce	comme dans	on prononce	comme dans
ua	al *gua* sil	uir	f*uir*
uan	Don J*uan*	uire	c*uire*
uant	p*uant*	uis	Per t*uis*
uau	cr*uau* té	uiss	b*uisso*n
uë	bar b*uë*	uist	c*uis*tre
uée	n*uée*	uit	br*uit*
uer	ar g*uer*	uite	tr*uite*
uet	m*uet*	uits	fr*uits*
uette	l*uette*	uivre	c*uivre*
ueux	affec t*ueux*	uüm	D*uüm* vir
ui	ap p*ui*	uyer	ap p*uyer*
uide	Dr*uïde*		
uids	m*uids*	ya	Bo *yard*
uïe	pl*uïe*	yau	a lo*yau*
uif	s*uif*	yen	do *yen*
uifs	J*uifs*	ye	cour ro*ye*
uin	J*uin*	yer	cou do*yer*
uil	c*uil* lère	yeur	gi bo*yeur*
uille	ai g*uille*	yeux	jo *yeux*

INSTRUCTION

Pour les Personnes qui enseignent à lire.

Les pages 38 , 39, 40 et 41 présentent une suite de mots monosyllabes, suivant l'ordre alphabétique : on y en a fait entrer le plus qu'il a été possible, sans trop s'attacher au sens : parce que les enfans ont toujours beaucoup de peine à bien lire ces sortes de mots.

On a encore séparé la consonne simple ou double , de la voyelle , afin que les élèves en saisissent mieux l'ensemble et le résultat en les rapprochant eux-mêmes.

Pour les accoutumer à lire hardiment deux mots monosyllabes à la fois , on a rapproché les mêmes monosyllabes, depuis la page 42 jusqu'à la page 44 ; cet exercice prépare à quelques petites lectures en monosyllabes qui se trouvent à la page 45. L'élève s'en tirera parfaitement , s'il a été bien exercé sur deux tables de monosyllabes ; ces petits triomphes allument le courage des enfans : il ne faut jamais manquer à leur en ménager.

Monosyllabes qu'il faut faire lire d'abord par
sons séparés, et ensuite tout d'un mot.

B-ail	bail	cl-oud	cloud	d-ain	dain
b-ain	bain	ch-air	chair	d-ais	dais
b-eau	beau	ch-aud	chaud	d-eux	deux
b-eaux	beaux	ch-aux	chaux	d-euil	deuil
b-aux	baux	ch-œur	chœur	D-ieu	Dieu
b-œuf	bœuf	c-œur	cœur	d-ieux	dieux
b-œufs	bœufs	ch-ien	chien	d-ois	dois
bl-eu	bleu	ch-ou	chou	d-oit	doit
b-ien	bien	ch-oux	choux	d-oigt	doigt
b-iais	biais	ch-oix	choix	d'-où	d'où
b-ouc	bouc	ch-oir	choir	d-oux	doux
b-oue	boue	ch-ois	chois	dr-oit	droit
b-ois	bois	c-oin	coin	dr-ue	drue
b-ourg	bourg	c-oing	coing	Dr-eux	Dreux
b-out	bout	c-ou	cou		
br-uit	bruit	c-oup	coup	f-aut	faut
b-uis	buis	c-oût	coût	f-aux	faux
		c-our	cour	f-aulx	faulx
c-ap	cap	c-ours	cours	f-aim	faim
C-aen	Caen	c-ourt	court	f-ait	fait
C-aux	Caux	cr-aie	craie	f-aits	faits
c-eux	ceux	cr-aint	craint	f-aix	faix
c-eint	ceint	cr-eux	creux	fa-on	faon
c-iel	ciel	cr-oix	croix	f-eu	feu
c-ieux	cieux	cr-ois	crois	f-eux	feux
cl-aie	claie	cr-oit	croit	f-eint	feint
cl-air	clair	cr-ue	crue	f-ier	fier
cl-ou	clou	cu-ir	cuir	fl-eur	fleur
cl-oux	cloux	cu-it	cuit	f-oi	foi

f-oie	foie	h-oue	houe	l-ient	lient
F-oix	Foix	h-oux	houx	l-ieu	lieu
f-ois	fois	h-uit	huit	l-ieux	lieux
f-oin	foin			l-ieue	lieue
f-ouet	fouet	j'-ai	j'ai	l-oi	loi
f-oux	foux	j'-aie	j'aie	l-ois	lois
f-our	four	J-ean	Jean	l-oin	loin
fr-ais	frais	j-eu	jeu	l-oue	loue
fr-ein	frein	j-eux	jeux	l-ouent	louent
fr-oid	froid	j'-eus	j'eus	l-oué	loué
fr-uit	fruit	j-oie	joie	L-ouis	Louis
fr-uits	fruits	j-ouet	jouet	l-oup	loup
f-uir	fuir	j-ouets	jouets	l-oups	loups
f-uis	fuis	j-ouer	jouer	l-ourd	lourd
f-uit	fuit	j-oue	joue	l-ui	lui
		j-ouent	jouent		
g-ai	gai	j-oug	joug	M-ai	Mai
g-ain	gain	j-our	jour	m-ail	mail
g-eai	geai	j-ours	jours	m-ain	main
g-ué	gué	J-uif	Juif	m-ains	mains
g-uet	guet	J-uifs	Juifs	M-aur	Maur
g-ueux	gueux	J-uin	Juin	m-aux	maux
g-oût	goût			M-eaux	Meaux
gr-ain	grain	l-aïc	laïc	m-ien	mien
gr-ains	grains	l-aid	laid	m-ieux	mieux
gr-ais	grais	l'-air	l'air	m-eus	meus
gr-ue	grue	l'-aie	l'aie	m-eut	meut
gr-ouin	grouin	l'-eau	l'eau	m-eurs	meurs
		L-eu	Leu	m-eurt	meurt
h-aie	haie	l-eur	leur	m-œurs	mœurs
h-ait	hait	l-eurs	leurs	m-ien	mien .
h-aut	haut	l-ie	lie	m-ie	mie
h-ier	hier	l-ien	lien	m-iel	miel

m-oi	moi	p-eur	peur	p-uits	puits
m-oins	moins	p-eu	peu		
m-ois	mois	p-eus	peus	q-uai	quai
m-ou	mou	p-eut	peut	q-uart	quart
m-oue	moue	p-eint	peint	q-uand	quand
m-uet	muet	p-ie	pie	q-uant	quant
m-uids	muids	p-ied	pied	q-uel	quel
		p-ieds	pieds	q-ueue	queue
n-ain	nain	p-ieu	pieu	q-u'eux	qu'eux
n-œud	nœud	p-ieux	pieux	q-u'il	qu'il
n-œuds	nœuds	pl-aie	plaie	q-uoi	quoi
n-euf	neuf	pl-ais	plais	q-uint	quint
n-ie	nie	pl-aît	plaît	q-u'on	qu'on
n-iais	niais	pl-ains	plains	q-u'un	qu'un
N-oël	Noël	pl-aint	plaint		
n-oir	noir	pl-ein	plein	r-aie	raie
n-oix	noix	pl-ie	plie	r-eins	reins
n-oueux	noueux	pl-ient	plient	R-eims	Reims
n-ous	nous	pl-eurs	pleurs	r-ien	rien
n-uit	nuit	pl-eut	pleut	R-oi	Roi
n-ue	nue	pl-uie	pluie	r-oue	roue
n-uée	nuée	p-oids	poids	r-oux	roux
		p-ois	pois	R-ouen	Rouen
p-ain	pain	p-oix	poix	r-ouet	rouet
p-aîs	paîs	p-oint	point	r-ouer	rouer
p-aît	paît	p-oing	poing	r-ou	rou
p-aix	paix	p-oil	poil		
p-aïs	païs	p-oids	poids	s-aie	saie
p-aie	paie	p-oulx	poulx	s-ais	sais
p-air	pair	pr-ie	prie	s-ain	sain
p-aon	paon	pr-ient	prient	s-aint	saint
P-aul	Paul	pr-oie	proie	s-ait	sait
p-eau	peau	pr-oue	proue	s-auf	sauf

s-aut	saut	s-uit	suit	v-aut	vaut
sc-eaux	sceaux			v-eau	veau
sc-eau	sceau	t-aie	taie	v-eaux	veaux
s-ein	sein	t-aux	taux	v-ain	vain
s-eing	seing	t-eins	teins	v-air	vair
s-œur	sœur	t-eint	teint	v-œu	vœu
s-aoul	saoul	t-ien	tien	v-œux	vœux
s-eul	seul	t-iens	tiens	v-eut	veut
s-euil	seuil	t-ient	tient	v-ie	vie
sc-ie	scie	t-iers	tiers	v-ieil	vieil
sc-ient	scient	t-ous	tous	v-ieux	vieux
s-ien	sien	t-out	tout	v-iens	viens
s-oi	soi	t-oux	toux	v-ient	vient
s-oie	soie	t-oit	toit	v-oie	voie
s-oin	soin	tr-ain	train	v-oix	voix
s-oir	soir	tr-ait	trait	v-oir	voir
s-ois	sois	tr-aits	traits	v-ois	vois
s-oit	soit	tr-ois	trois	v-oit	voit
s-oient	soient	Tr-oie	Troie	v-oient	voient
s-oif	soif	t-our	tour	vr-ai	vrai
s-ourd	sourd	T-ours	Tours	v-ue	vue
s-ous	sous	tr-ou	trou	v-ues	vues
s-uie	suie	tr-oué	troué		
s-uis	suis	tr-oue	troue	y-eux	yeux
s-uif	suif				

Monosyllabes et dissyllabes composés des monosyllabes précédens simples.

Air fier	clou droit	doigts courts
ail-leurs	clair et frais	doit tout
ait eu	chair crue	doux au cœur
Août chaud	chaud et froid	droit et haut
au mieux	chaux et craie	
aux cieux	chou fleur	eau-de-vie
aient lieu	cœur de roi	eux et vous
	chien fou	œuf frais
bail-leur	coing cuit	œufs cuits
bain froid	coup de feu	œil de bœuf
beau jeu	cou-teau	
beaux jeux	cou-cou	faux seing
bœuf noir	cou de bœuf	faim et soif
bleu clair	courte joie	fais bien
bien fait	cours droit	fais-ceaux
biai-ser	craie et chaux	fait à tout
bou-quin	creux et plein	fait au tour
bou-eux	croix de buis	faix lourd
bout-à-bout	crois moi	feu de bois
bois-seau	cuir et chair	feux de nuit
bou-te-feu	cuit au four	feint et faux
bruit sourd	crue d'eau	fier et haut
buis court		fleur et fruit
	dais en l'air	foie de veau
cail-lou	dain vieux	foi de roi
ceint au tour	deuil de cour	foin et gain
ciel bleu	deux à deux	fouet et cuir
cieux en feu	dieu des dieux	four chaud
claie de bois	doigt au trou	frais et gai

frein doux	lait chaud	nain à pied
froid noir	laie et loup	neuf et trois
fruits et fleurs	l'air et l'eau	nie et nient
fuir loin	lie et Leu	noir de peau
	lient tout	Noël et Jean
gai et gué	lieux saints	noue et nouent
geai noir	lieue loin	noué en deux
guet à pied	loi et loix	nous et eux
gueux à rouer	loin d'eux	nuit et jour
grains et foin	Louis trois	nue et nuée
grue en l'air	loup et laie	
grouin de truie	lui et vous	oit et oient
		oie et ouais
haie de buis	Mai et Juin	oui et ouies
haut et fier	mail à jouer	oint et saint
hier au soir	mainte-fois	ouïr et voir
houx noueux	main-tien	ours noir
houe de bois	mais au moins	
huit clos	Maur et Louis	pain cuit
huit fois	maux de cœur	paix de Dieu
	meus et meut	pays de Caux
Jean et Louis	le mien, le tien	paie de roi
jeu d'oie	mieux fait	pair laïc
jeu de main	meurs et meurt	paon en l'air
j'eus hier	mie de pain	peau de chien
joie au cœur	miel doux	Paul et Louis
jouet à jouer	moi et eux	peur et fuir
joue à joue	mois d'Août	peu-à-peu
jour et nuit	moins bien	peint en beau
joug et Juif	mou-leur	pieu de bois
Juin et Mai	muet et sourd	pied à pied
	muids d'eau	pied de roi
laid et fou		plaît à Dieu

plaint de tous	Roi des Rois	taie à l'œil
plein d'eau	roue et rouet	tout et tous
plie et plient	roux et bleu	teint en noir
poids et paix	rouet et roue	tient bien
pois en fleurs	rue St. Louis	tout en haut
pleurs et pleut		toit en feu
peut-on voir	sain et sauf	trait en trois
point de tout	Saint Leu	traits de feu
poing court	saute en l'air	train de bois
poil roux	sceau de roi	trois à trois
plaie au cœur	sein et sceaux	Troie et Tours
pluie en l'air	sein et saints	tour à tour
prie Dieu	sœur de lait	trou et truie
prient tous	saoul de tout	
proue à l'eau	seul à seul	vau-rien
puits et sceau	seuil de bois	veau cuit
	scie à main	veaux noirs
quai neuf	scieurs de bois	vain et fier
quart et quint	le sien, le mien	vrai et fier
quant et quand	soif et faim	vœux au ciel
quel qu'il soit	sois seul	veut et vœux
queue de loup	soin à tout	vie des Saints
quoi qu'il ait	soir et soie	viens et vient
quint et quart	sois à moi	vieux oing
qu'un y soit	soit et soient	voie de lait
qu'on le lie	sourd à tous	voie en haut
	sous la main	voit le jour
raye et rayent	suie en feu	vois et voient
raie et reins	suit à pied	vrai et faux
Reims et Rouen	suif neuf	voix et vue
rien en tout	suis moi	

PIÈCE DE LECTURE

Composée de monosyllabes.

DIEU a fait le Ciel et tout ce qu'on voit sous les Cieux, tout ce qui est dans les eaux, et en tous lieux. Il a fait le jour et la nuit.

Dieu voit tout. Il voit le bien et le mal qu'on fait. Il voit tout ce qui est dans nos cœurs. Dieu fait tout ce qui lui plaît. Il a fait tout ce qui est dans les airs. Il tient tous les biens dans sa main.

Dieu est le Roi des Rois, le Saint des Saints, le Dieu des Dieux. Nos vœux et nos cœurs sont ce qui lui plaît le mieux. Quand on a la foi on croit tout ce qu'il a fait pour nous.

INSTRUCTION

Pour les Personnes qui apprennent à lire.

Les sons composés qui déterminent les différens temps des verbes, embarrassent long-temps les enfans. Pour y remédier, on a fait entrer dans les pages 47, 48, 49 et 50, une suite de verbes de deux, de trois ou de quatre syllabes, rangés par ordre alphabétique ; on y a rapproché les terminaisons *ent*, *ant*, *ait*, et *aient*, que les enfans confondent. ordinairement. Il faut avoir soin de les bien exercer sur ces différentes terminaisons, ils n'y trouveront plus aucune, difficulté dans la suite.

Les pages 51 et 52 contiennent une suite de petites phrases, où l'on a rapproché les verbes du mot qui n'est point verbe, pour faire comprendre aux enfans que les trois lettres *ent*, se prononcent comme un *e* muet, à la fin d'un verbe ; et que ces trois lettres se prononcent toutes à la fin de tous les autres mots.

Mots de deux Syllabes.	Mots de trois Syllabes.	Mots de quatre Syllabes.
ai mer	ab bat tre	ac cou tu mer
ai mant	ab bat tant	ac cou tu mant
ai ment	ab bat tent	ac cou tu ment
ai mait	ab bat tait	ac cou tu mait
ai maient	ab bat taient	ac cou tu maient
boi re	ba lan cer	bal bu ti er
bu vant	ba lan çant	bal bu ti ant
boi vent	ba lan cent	bal bu ti ent
bu vait	ba lan çait	bal bu ti ait
bu vaient	ba lan çaient	bal bu ti aient
chan ter	châ ti er	ca ra co ler
chan tant	châ ti ant	ca ra co lant
chan tent	châ ti ent	ca ra co lent
chan tait	châ ti ait	ca ra co lait
chan taient	châ ti aient	ca ra co laient
don ne	dé li vrer	dé mé na ger
don nant	dé li vrant	dé mé na geant
don nent	dé li vrent	dé mé na gent
don nait	dé li vrait	dé mé na geait
don naient	dé li vraient	dé mé na geaient
en fler	ef fa cer	é cha fau der
en flant	ef fa çant	é cha fau dant
en flent	ef fa cent	é cha fau dent
en flait	ef fa çait	é cha fau dait
en flaient	ef fa çaient	é cha fau daient

Mots de deux syllabes.	Mots de trois syllabes.	Mots de quatre syllabes.
for cer	fri cas ser	fan fa ron ner
for çant	fri cas sant	fan fa ron nant
for cent	fri cas sent	fan fa ron nent
for çait	fri cas sait	fan fa ron nait
for çaient	fri cas saient	fan fa ron naient
ga gner	gour man der	ges ti cu ler
ga gnant	gour man dant	ges ti cu lant
ga gnent	gour man dent	ges ti cu lent
ga gnait	gour man dait	ges ti cu lait
ga gnaient	gour man daient	ges ti cu laient
ha cher	ha bi ter	her bo ri ser
ha chant	ha bi tant	her bo ri sant
ha chent	ha bi tent	her bo ri sent
ha chait	ha bi tait	her bo ri sait
ha chaient	ha bi taient	her bo ri saient
jou er	jar di ner	jus ti fi er
jou ant	jar di nant	jus ti fi ant
jou ent	jar di nent	jus ti fi ent
jou ait	jar di nait	jus ti fi ait
jou aient	jar di naient	jus ti fi aient
lui re	la bou rer	lé gi ti mer
lui sant	la bou rant	lé gi ti mant
lui sent	la bou rent	lé gi ti ment
lui sait	la bou rait	lé gi ti mait
lui saient	la bou raient	lé gi ti maient

Mots

Mots de deux syllabes.	Mots de trois syllabes.	Mots de quatre syllabes.
man quer	mas sa crer	mor ti fi er
man quant	mas sa crant	mor ti fi ant
man quent	mas sa crent	mor ti fi ent
man quait	mas sa crait	mor ti fi ait
man quaient	mas sa craient	mor ti fi aient
na ger	né to yer	né go ci er
na geant	né to yant	né go ci ant
na gent	né to yent	né go ci ent
na geait	né to yait	né go ci ait
na geaient	né to yaient	né go ci aient
ou vrir	or don ner	or ga ni ser
ou vrant	or don nant	or ga ni sant
ou vrent	or don nent	or ga ni sent
ou vrait	or don nait	or ga ni sait
ou vraient	or don naient	or ga ni saient
pein dre	par cou rir	phi lo so pher
pei gnant	par cou rant	phi lo so phant
pei gnent	par cou rent	phi lo so phent
pei gnait	par cou rait	phi lo so phait
pei gnaient	par cou raient	phi lo so phaient
quit ter	que rel ler	ques ti on ner
quit tant	que rel lant	ques ti on nant
quit tent	que rel lent	ques ti on nent
quit tait	que rel lait	ques ti on nait
quit taient	que rel laient	ques ti on naient

C

Mots de deux syllabes.	Mots de trois syllabes.	Mots de quatre syllabes.
ren dre	ré pon dre	re com men cer
ren dant	ré pon dant	re com men çant
ren dent	ré pon dent	re com men cent
ren dait	ré pon dait	re com men çait
ren daient	ré pon daient	re com men çaient
souf frir	sou met tre	sa cri fi er
souf frant	sou met tant	sa cri fi ant
souf frent	sou met tent	sa cri fi ent
souf frait	sou met tait	sa cri fi ait
souf fraient	sou met taient	sa cri fi aient
tor dre	té moi gner	tran quil li ser
tor dant	té moi gnant	tran quil li sant
tor dent	té moi gnent	tran quil li sent
tor dait	té moi gnait	tran quil li sait
tor daient	té moi gnaient	tran quil li saient
vou loir	ven dan ger	ver ba li ser
vou lant	ven dan geant	ver ba li sant
veu lent	ven dan gent	ver ba li sent
vou lait	ven dan geait	ver ba li saient
vou laient	ven dan geaient	ver ba li saient

EXEMPLES

Qui font voir que lès lettres ent ont le même son que l'e muet, à la fin des mots auxquels on peut joindre ils ou elles ; mais qu'elles se prononcent à la fin de tous autres mots.

Les hom mes s'ai ment
      ra re ment.

Les oi se aux cou vent
      sou vent.

Les en fans ai ment,
      le mou ve ment

Les pa res seux s'a ni ment
      dif fi ci le ment.

Les hon nê tes gens s'es ti ment
      mu tu el le ment.

Les da mes s'ex pri ment
      dé li ca te ment.

Les chi mè res se for ment
      ai sé ment.

Les sen su els dor ment
    mol le ment.

Les bons li vres s'im pri ment
    soi gneu se ment.

Les pe tits en fans s'ac cou tu ment
    fa ci le ment.

Les pol trons s'al lar ment
    ai sé ment.

Les ours se ren fer ment
    é troi te ment.

Les grands dé fauts se ré for ment
    ra re ment.

Les a va res s'en dor ment
    dif fi ci le ment.

Les mau vais li vres se sup pri ment
    promp te ment.

Les vieil lards s'en rhu ment
    fa ci le ment.

INSTRUCTIONS

Pour les Personnes qui enseignent à lire.

Ici commencent les premières lectures suivies, imprimées en caractères romain et italique. On a cru devoir présenter d'abord aux enfans les prières qu'ils doivent réciter tous les jours , et qu'on ne saurait trop tôt leur apprendre. L'unique moyen d'y réussir , c'est de les leur faire lire et relire , jusqu'à ce qu'ils les sachent passablement par cœur : on les a mises d'un côté à sous séparés , de l'autre, à sons liés. La première opération prépare à la seconde. Il faut toujours suivre ce procédé , jusqu'à ce que les enfans soient fermes dans la lecture.

Il faut leur faire lire et apprendre également par cœur les pièces de lecture qui se trouvent aux pages 62 et suivantes.

C 3

L'O rai son Do mi ni ca le.

N<small>O</small> <small>TRE</small> Pè re qui ê tes aux Cieux : que
vo tre nom soit sanc ti fi é : que vo tre
rè gne ar ri ve : que vo tre vo lon té soit
fai te en la ter re com me au ci el :
don nez-nous au jour d'hui no tre pain
quo ti di en , et nous par don nez nos
of fen ses , com me nous par don nons à
ceux qui nous ont of fen sés ; et ne nous
in dui sez point en ten ta ti on ; mais
dé li vrez-nous du mal. Ain si soit-il.

La Sa lu ta ti on An gé li que.

J<small>E</small> *vous sa lu e Ma ri e , plei ne de
grâ ces , le Sei gneur est avec vous : vous
ê tes bé ni e en tre tou tes les fem mes ; et
Jé sus , le fruit de vo tre ventre est bé ni.*

*Sain te Ma ri e mè re de Dieu , priez
pour nous pau vres pécheurs , main te nant
et à l'heu re de no tre mort.*
Ain si soit-il.

L'Oraison Dominicale.

Notre Père qui êtes aux Cieux : que votre nom soit sanctifié : que votre règne arrive : que votre volonté soit faite en la terre comme au Ciel : donnez - nous aujourd'hui notre pain quotidien, et nous pardonnez nos offenses, comme nous pardonnons à ceux qui nous ont offensés; et ne nous induisez point en tentation ; mais délivrez-nous du mal.

Ainsi soit-il.

La Salutation Angélique.

Je vous salue Marie, pleine de grâces, le Seigneur est avec vous : vous êtes bénie entre toutes les femmes : et Jésus, le fruit de votre ventre, est béni.

Sainte Marie, mère de Dieu, priez pour nous pauvres pécheurs, maintenant et à l'heure de notre mort.
Ainsi soit-il.

C 4

La Con fes sion des Pé chés.

JE con fes se à Dieu Tout-puis sant, à la Bien heu reu se Ma ri e tou jours Vier ge, à saint Mi chel Ar chan ge, à saint Jean-Bap tis te, aux A pô tres saint Pi er re et saint Paul, à tous les Saints, que j'ai beau coup pé ché par pen sé es, par pa ro les et par ac ti ons : c'est ma fau te, c'est ma fau te, c'est ma très-gran de fau te. C'est pour quoi je sup plie la Bien heu reu se Ma rie tou-jours Vier ge, saint Mi chel Ar-chan ge, saint Jean - Bap tis te, les A pô tres saint Pi er re et saint Paul, tous les Saints, de pri er pour moi le Sei gneur no tre Dieu.

La Confession des Péchés.

JE confesse à Dieu Tout-puissant, à la Bienheureuse Marie toujours Vierge, à saint Michel Archange, à saint Jean-Baptiste, aux Apôtres saint Pierre et saint Paul, à tous les Saints, que j'ai beaucoup péché par pensées, par paroles et par actions : c'est ma faute, c'est ma faute, c'est ma très-grande faute. C'est pourquoi je supplie la Bienheureuse Marie toujours Vierge, saint Michel Archange, saint Jean-Baptiste, les Apôtres saint Pierre et saint Paul, tous les Saints, de prier pour moi le Seigneur notre Dieu.

C 5

Les Com man de mens de Dieu.

Un seul Dieu tu a do re ras,
Et ai me ras par fai te ment.

Dieu en vain tu ne ju re ras,
Ni au tre cho se pa reil le ment.

Les Di man ches tu gar de ras,
En ser vant Dieu dé vo te ment.

Tes Pè re et mè re ho no re ras;
A fin que tu vi ves lon gue ment.

Ho mi ci de point ne se ras,
De fait ni vo lon tai re ment.

Lu xu ri eux point ne se ras,
De corps ni de con sen te ment.

Le bien d'au trui tu ne pren dras,
Ni re tien dras à ton es ci ent.

Faux té moi gna ges ne di ras,
Ni men ti ras au cu ne ment.

L'œu vre de chair ne dé si re ras,
Qu'en ma ri a ge seu le ment.

Biens d'au trui ne con voi te ras,
Pour les a voir in jus te ment.

Les Commandemens de Dieu.

Un seul Dieu tu adoreras,
Et aimeras parfaitement.

Dieu en vain tu me jureras,
Ni autre chose pareillement.

Les Dimanches tu garderas,
En servant Dieu dévotement.

Tes père et mère honoreras,
Afin que tu vives longuement.

Homicide point ne seras,
De fait ni volontairement.

Luxurieux point ne seras,
De corps ni de consentement.

Le bien d'autrui tu ne prendras,
Ni retiendras à ton escient.

Faux témoignage ne diras,
Ni mentiras aucunement.

L'œuvre de chair ne désireras,
Qu'en mariage seulement

Biens d'autrui ne convoiteras,
Pour les avoir injustement.

Les Com man de mens de l'É gli se.

Les Fé tes tu sanc ti fi e ras,
Qui te sont de com man de ment.
Les Di man ches Mes se ou ï ras,
Et les Fé tes pa reil le ment.
Tous tes pé chés con fes se ras,
A tout le moins u ne fois l'an.
Ton Cré a teur tu re ce vras,
Au moins à Pâ ques hum ble ment.
Qua tre-temps, vi gi les, jeû ne ras,
Et le Ca rê me en ti è re ment,
Ven dre di : chair ne man ge ras,
Ni le sa me di mê me ment.

La Bé né dic ti on de la Ta ble.

Au nom du Pè re, et du Fils, et du
Saint-Es prit. Ain si soit-il:

Que la main de Jé sus-Christ nous
bé nis se, et la nour ri tu re que nous
al lons pren dre.

Grâ ces.

Au nom du Pè re, et du Fils, etc.

Nous vous ren dons grâ ces de tous
vos bien faits, ô Dieu tout-puis sant,
qui vi vez et ré gnez dans tous les si è-
cles des si è cles. Ain si soit-il.

Les Commandemens de l'Église.

Les Fêtes tu sanctifieras,
Qui te sont de commandement.
Les Dimanches Messe oüiras,
Et les Fêtes pareillement.
Tous tes péchés confesseras,
A tout le moins une fois l'an.
Ton Créateur tu recevras,
Au moins à Pâques humblement.
Quatre-temps, vigiles, jeûneras,
Et le Carême entièrement.
Vendredi chair ne mangeras,
Ni le samedi mêmement.

La Bénédiction de la Table.

Au nom du Père, et du Fils, et du
Saint-Esprit. Ainsi soit-il.

Que la main de Jésus-Christ nous bénisse, et la nourriture que nous allons prendre.

Grâces.

Au nom du Père, et du Fils, etc.

Nous vous rendons grâces de tous vos bienfaits, ô Dieu tout-puissant, qui vivez et régnez dans tous les siècles des siècles. Ainsi soit-il.

*Idé e de Dieu et de son pou voir
sur tou tes les cré a tu res.*

CE Dieu, Maî tre ab so lu de
    la Ter re et des Cieux,
N'est point tel que l'er reur le
    fi gu re à vos yeux.
L'E ter nel est son nom ; le Mon-
    de est son ou vra gé.
Il en tend les sou pirs de l'hum-
    ble qu'on ou tra ge ;
Ju ge tous les mor tels a vec d'é-
    ga les lois ;
Et , du haut de son Trô ne , in-
    ter ro ge les Rois.
Des plus fer mes Etats la chû te
    é pou van ta ble ,
Quand il veut , n'est qu'un jeu de
    sa main re dou ta ble.

Es ther, Tra gé di e de M. Ra ci ne.

Idée de Dieu et de son pouvoir sur toutes les créatures.

Ce Dieu , Maître absolu de la Terre et des Cieux,
N'est point tel que l'erreur le figure à vos yeux,
L'Eternel est son nom ; le Monde est son ouvrage.
Il entend les soupirs de l'humble qu'on outrage ;
Juge tous les mortels avec d'égales lois ;
Et , du haut de son Trône , interroge les Rois.
Des plus fermes Etats la chûte épouvantable,
Quand il veut , n'est qu'un jeu de sa main redoutable.

Esther, Tragédie de M. Racine.

Idée de Dieu et de son pouvoir sur toutes les créatures.

Ce Dieu, Maître absolu de la Terre et des Cieux,
N'est point tel que l'erreur le figure à vos yeux.
L'Eternel est son nom ; le Monde est son ouvrage.
Il entend les soupirs de l'humble qu'on outrage ;
Juge tous les mortels avec d'égales lois ;
Et, du haut de son Trône, interroge les Rois.
Des plus fermes Etats la chûte épouvantable ;
Quand il veut, n'est qu'un jeu de sa main redoutable.

Esther , Tragédie de M. Racine.

*Au tre i dé e de la tou te puis san ce
de Dieu.*

Mê me Tra gé di e.

QUE peu vent con tre lui tous
les Rois dé la ter re ?
En vain ils s'u ni raient pour lui
fai re la guer re ?
Pour dis si per leur li gue, il n'a
qu'à se mon trer ;
Il par le, et dans la pou dre il les
fait tout ren trer.
Au seul son de sa voix, la mer
fuit, le ciel trem ble ;
Il voit com me un né ant tout
l'u ni vers en sem ble ;
Et les fai bles hu mains, vains
jou ets du tré pas,
Sont tous de vant ses yeux comme s'ils n'é taient pas.

Autre idée de la toute-puissance de Dieu.

Même Tragédie.

Que peuvent contre lui tous les rois de la terre ?
En vain ils s'uniraient pour lui faire la guerre.
Pour dissiper leur ligue, il n'a qu'à se montrer ;
Il parle, et dans la poudre il les fait tous rentrer.
Au seul son de sa voix, la mer fuit, le ciel tremble ;
Il voit comme un néant tout l'univers ensemble ;
Et les faibles humains, vains jouets du trépas,
Sont tous devant ses yeux comme s'ils n'étaient pas.

Autre idée de la toute-puissance de Dieu.

Même Tragédie.

Que peuvent contre lui tous les rois de la terre ?
En vain ils s'uniraient pour lui faire la guerre.
Pour dissiper leur ligue, il n'a qu'à se montrer ;
Il parle, et dans la poudre il les fait tous rentrer.
Au seul son de sa voix, la mer fuit, le ciel tremble ;
Il voit comme un néant tout l'univers ensemble ;
Et les faibles humains, vains jouets du trépas,
Sont tous devant ses yeux comme s'ils n'étaient pas.

Au tre mor-ceau de M. Ra ci ne.

J'ai vu l'im pi e a do ré sur la ter re :
Pa reil au cè dre, il por tait dans
les ci eux,
Son front au da ci eux :
Il sem blait à son gré, gou ver ner
le ton ner re ;
Fou lait aux pi eds ses en ne mis
vain cus.
Je n'ai fait que pas ser ; il n'é tait
dé jà plus.

Por trait de l'hy po cri te,

Par M. Rous seau.

L'Hy po cri te, en frau des fer ti le,
Dès l'en fan ce, est pé tri de fard ;
Il sait co lo rer a vec art
Le fi el que sa bou che dis ti le :
Et la mor su re du ser pent
Est moins ai gu ë et moins sub ti le,
Que le ve nin ca ché que sa lan gue ré pand.

Autre morceau de M, Racine.

J'ai vu l'impie adoré sur la terre :
Pareil au cèdre, il portait dans les cieux,
   Son front aud̶e̶r̶i̶e̶u̶x :
Il semblait, à son g̶, gouverner le tonnerre ;
Foulait aux pieds ses ennemis vaincus.
Je n'ai fait que passer ; il n'était déjà plus.

Portrait de l'hypocrite,

Par M. Rousseau.

  L'hypocrite, en fraudes fertile,
Dès l'enfance, est pétri de fard,
Il sait colorer avec art
Le fiel que sa bouche distile ;
Et la morsure du serpent
Est moins aiguë et moins subtile,
Que le venin caché que sa bouche
    répand.

Stan ces sur la Mort.

LA Mort a des ri gueurs à nul le
au tre pa reil les :
On a beau la pri er ;
La cru el le qu'el le est, se bou che
les o reil les ,
Et nous lais se cri er.
Le pau vre en sa ca ba ne, où le
chau me le cou vre,
Est su jet à ses lois ;
Et la gar de qui veil le aux bar-
riè res du Lou vre,
N'en dé fend pas les Rois.

Stan ces sur la Mort.

La Mort a des ri gueurs à nulle au tre pa reil les ;
On a beau la pri er :
La cru el le qu'el le est, se bou che les o reil les,
Et nous lais se cri er.
Le pau vre en sa ca ba ne, où le chau me le cou vre,
Est su jet à ses lois ;
Et la gar de qui veil le aux bar riè res du Lou vre,
N'en dé fend pas les Rois.

Stances sur la Mort.

LA Mort a des rigueurs à nulle
autre pareilles :
On a beau la prier ;
La cruelle qu'elle est, se bouche
les oreilles,
Et nous laisse crier,
Le pauvre en sa cabanne, où le
chaume le couvre,
Est sujet à ses lois ;
Et la garde qui veille aux barrières
du Louvre,
N'en défend pas les Rois.

Stances sur la Mort.

*La Mort a des rigueurs à nulle autre pareilles :
On a beau la prier :
La cruelle qu'elle est, se bouche les oreilles,
Et nous laisse crier.
Le pauvre en sa cabane, où le chaume le couvre,
Est sujet à ses lois,
Et la garde qui veille aux barrières du Louvre,
N'en défend pas les Rois.*

INSTRUCTION

Pour les Personnes qui enseignent à lire.

S'il se trouve quelque enfant qui ne sache point lire après ces différentes leçons , il ne faut pas aller plus loin , parce que les règles et les opérations suivantes ne sont destinées qu'à perfectionner la lecture , et à donner aux enfans les premières idées de l'orthographe et de la prononciation. Il n'y a alors d'autre parti à prendre , que de faire recommencer à l'élève tardif les élémens de lecture qu'il a déjà vus , simples ou composés , suivans que les premiers essais auront plus ou moins réussi.

On trouve ici , depuis la page 71 jusqu'à la page 86 , une suite de voyelles et consonnes simples et composées , placées suivant l'ordre alphabétique , avec des exemples qui rendent familière la différente prononciation de ces voyelles ou consonnes. Il faut faire lire cette partie avec le plus grand soin , et y revenir plus d'une fois : le plus sûr moyen serait de la faire écrire , dès que les enfans sont en état de modeler leurs lettres.

On a suivi l'ordre alphabétique , pour mettre les élèves en état de trouver aisément chaque lettre ou son , lorsqu'ils se trouveront arrêtés sur quelque prononciation.

Des voyelles longues, et des voyelles brèves.

Les voyelles longues sont celles qui se prononcent lentement.	Les voyelles brèves sont celles qui se prononcent promptement.
EXEMPLES.	EXEMPLES,
le hâle	une balle
un mâtin	le matin.
un mâle	une malle
une chasse	la chasse
de la pâte	une patte
une tâche	une tache
un hêtre	une herse
un prêtre	une prêtresse
un gîte	le giron
un goître	un goinfre
un cloître	une cloison
une bûse	un buste
une mûse	une mule

ai se prononce é		*ai se prononce é*	
on écrit	*on prononce*	*on écrit*	*on prononce*
j'aime	j'ème	abaissement	abèssement
je donnai	je donné	baisser	bèsser
je lirai	je liré	biaiser	bièser
je ferai	je feré	caissier	kèssier
ay se prononce ey		niaiser	nièser
on écrit	*on prononce*	mauvais	mauvès
crayon	créyon	naître	nètre
rayon	réyon	maître	mètre
payer	péyer	notaire	notère
pays	péïs	plaire	plère
paysan	péïsan		

em a quelquefois le même son qu'*am*.		*en* a quelquefois le même son qu'*an*.	
ambition	empire	avant	avent
ample	emploi	bannir	mentir
flamme	femme	demande	amende
lampe	remplir	fange	fente
tambour	temple	lande	lente

ain, *ein*, *in*, ont le même son			*eau* a le même son que *au*	
dédain,	dessein,	destin	anneau	naufrage
essaim,	refrein,	mutin	bateau	taupe
grain,	feint,	fin	bedeau	daube
faim,	plein,	vin	caveau	vautour
humain,	serein,	serin	flambeau	beaume
pain,	peint,	pin	gâteau	autel
plainte,	teinte,	singe	hameau	mauve
sainte,	feinte,	quinte	morceau	sauce
			pinceau	fauteur
			rouleau	Laudes

aen, *ean*, *aon*, se prononce *an*; ils ont le même son dans

Caen, Jean, dent, paon, faon, Laon.

excepté :

taon et taonner,

---

c se prononce *s k*

EXEMPLES :

façade	arcade	maçon	Macon
glaçon	balcon	forçat	placard
Provençale	cascade	conçu	vaincu
rançon	flacon ·	rinçures	rancune
garçon	gascon		

C

s final ne se prononce point devant une consonne.

EXEMPLES.

blanc raisin
clerc novice
franc fripon
porc frais
marc d'or

c se prononce à la fin de plusieurs mots.

EXEMPLES.

almanach	ammoniac
estomac	tabac
aspect	avec
aspic	syndic
baroc	estoc
musc	Turc

che se prononce *che* et *k*.

EXEMPLES.

change	archange
charité	eucharistie
afficheur	chœur
échoppe	chorographie
chocolat	chorus
choc	écho
chute	catéchumène
chimie	
chuchotter	
Chinois	
écharpe	

c final se prononce devant une voyelle.

EXEMPLES.

du blanc au noir
de clerc à maître
franc étourdi
porc épic
Marc Antoine

c ne se prononce point lorsqu'il est suivi d'une consonne. Il faut écrire,

un estomac plein
du tabac d'Espagne

mais il faut prononcer

estoma plein
taba d'Espagne

chr se prononce *kre*.

EXEMPLES.

chrétien
saint-chrême
chrétiennement
Christophe
christianisme
chronique
chronographe
chronologie
chrysalide

D

c se prononce quelquefois *g.*

EXEMPLES.

on écrit	on prononce
Claude	Glaude
cicogne	cigogne
second	segond
secondement	segondement
seconder	segonder
secret	segret
secrétaire	segrétaire
secrétariat	segrétariat

---

d se prononce *t* à la fin des mots, lorsqu'il est suivi d'une voyelle ou d'une *h* non aspirée.

EXEMPLES.

on écrit	on prononce
grand apôtre	grant apôtre
grand écrivain	grant écrivain
grand homme	grant homme
second hymenée	secont hymenée
second article	secont article
quand il boit	quant il boit
quand on veut	quant on veut
vend-il ?	vent-il ?
vent-elle ?	vent-elle ?
vent-on ?	vent-on ?
se défend-il ?	se défent-il ?
perd-elle ?	pert-elle ?

On supprime le *d* dans le mot *pied.* On dit, *mettre pié à terre,* et non pas *pied à terre.*

e est ouvert dans tous les mono-syllabes terminés par un *s*.

Il faut prononcer

ces , des , les , mes ,
ses , tes ,

comme s'il y avait l'accent grave.

cès , dès , lès , mès ,
sès , tès ,

Il y a une exception pour le dis-cours familier. on le prononce fermé , comme s'il y avait l'ac-cent aigu.

ces livres   cés livres
des hommes dés hommes
mes gens   més gens
ses habits   sés habits
tes meubles tés meubles

eu se prononce comme *u*.

on écrit	on prononce
Eustache	Ustache
à jeun	à jun

e est encore ouvert devant quelques consonnes.

appel	j'appelle
bel	belle
cartel	il écartelle
chancel	il chancelle
hydromel	hirondelle
nouvel	nouvelle
amer	cancer
enfer	Jupiter
hier , fier , mer, etc.	

e est fermé devant une con-sonne dans les mots sui-vans.

on écrit	on prononce
amandier	amandié
barbier	barbié
cordelier	cordelié
damier	damié
jardinier	jardinié
ouvrier	ouvrié
patissier	patissié
savetier	savetié

gm se prononce *gue-me* dans plusieurs mots.

on écrit	on prononce
stigmates	sti gue ma tes
augmenter	au gue men ter
diaphragme	dia phra gue me
énigmatique	é ni gue ma ti que

D 2

gn se prononce *gue-ne* dans quelques mots.

on écrit	on prononce
inexpugnable	in ex pu gue na ble
magnétique	ma gue né ti que
gnôme	gue nô me

gn se prononce quelquefois simplement *n*.

on écrit	on prononce
assignation	assination
assigner	assiner
magnifique	manifique
signer	siner

on écrit	on prononce
incognito	incognito ,

comme dans

épargne , épagneul.

---

h aspirée.	h non aspirée.	h ne se prononce point quand elle est après une consonne.
On prononce l'h dans les mots suivans.	On ne prononce point l'h dans les mots suivans.	

h aspirée	h non aspirée	on écrit	on prononce
hache	habit	l'heure	leure
haro	habile	l'histoire	listoire
héros	héroïne	l'honneur	lonneur
hibou	histoire	l'humeur	lumeur
hotte	hôte	théologie	téologie
hûre	heure	adhérer	adérer
housse	horloge	rhéteur	réteur
hautbois	hôpital	Rhin	Rin
houlette	hôtel	Rhône	Rône
Hollande	hostilité	rhubarbe	rubarbe
huguenot	humanité	rhume	rume

Une *l* simple ou deux *ll* précédées de la voyelle *i*, ont un son liquide ou mouillé.

ail	*aille*	*eil*	*eille*
bail	bataille	appareil	abeille
cail	canaille	conseil	corbeille
corail	écaille	orgueil	groseille
détail	futaille	orteil	treille
émail	grisaille	pareil	pareille
gaillard	limaille	réveil	merveille
mail	muraille	sommeil	sommeille
portail	paille	soleil	oseille
sérail	tenaille	vermeil	vermeille
vieillard	Versailles	vieil	vieille

il	*ille*	*ouil ouille*	*euil eille*
Avril	aiguille	fenouil	Auteuil
chenil	cheville	andouille	Argenteuil
gril	étrille	verouil	Arcueil
fournil	famille	bredouille	cerfeuil
mil *graine*	mandille	citrouille	Choiseuil
nombril	quille	dépouille	écureuil
péril	pointille	gazouille	fauteuil
persil	quadrille	grenouille	feuille
sillon		farfouille	seuil
		gargouille	veuille
		patrouille	

exception.

Gille	ville
mil *nombre*	mille
subtil	sutile

rouille
souillure

D 3

m se prononce quelquefois *n*.

EXEMPLES.

on écrit	on prononce
Ambassade	Anbassade
bombarder	bonbarder
compter	conpter
combien	conbien
damnation	dannation
emmener	enmener
exempter	exenpter
importun	inportun
nombre	nonbre
ombrage	onbrage
pompeux	ponpeux
prompt	pronpt
Samson	Sanson

m se prononce dans les mots suivans.

Amsterdam	immobile
amnistie	infamie
calomnie	présomptif
exemption	somptueux
hymne	somnambule
indemnité	symptôme
immédiat	immense

n à la fin des monosyllabes se joint toujours à la voyelle suivante, et à l'*h* non aspirée.

EXEMPLES.

on écrit	on prononce
bien adroit	bien n'adroit
bien instruit	bien n'instruit
bien ombragé	bien n'ombragé
bien utile	bien n'utile
bien habile	bien n'habile
bien heureux	bien n'heureux
bien historié	bien n'historié
bien honnête	bien n'honnête
bien humide	bien n'humile
on avance	on n'avance
l'on instruit	l'on n'instruit
bon enfant	bon n'enfant
mon ouvrage	mon n'ouvrage
rien en tout	rien n'en tout
son ami	son n'ami
ton habit	ton n'habit
mon honneur	mon n'honneur

oi se prononce oi et ai.		ph se prononce f.
EXEMPLES.		EXEMPLES.
avoir	avait (*)	Phaëton
boire	buvait	alpha
croisée	chantait	Pharaon
devoir	devait	asphalte
exploit	contemplait	pharmacie
foire	faible	emphàse
gloire	Anglais	phrase
histoire	j'étais	emphatique
mâchoire	mâchait	Phébus
noire	connaît	prophète
poire	coupait	phénomène
roitelet	raide	prophétique
soirée	pensait	Amphion
toison	comptait	philtre
voirie	lirait	amphibie
Chinois	connais	géographie
Danois	Charolais	philosophie
S. François	Français	physique
Gaulois	Bordelais	métaphore
l'Artois	Ecossais	phosphore
Génois	Hollandais	
Siamois	Bourbonnais	

(*) On écrivait autrefois tous les impar-
faits par *oi*, comme *avoit*, *buvoit*; mais
l'usage de la terminaison en *ai*, ayant
prévalu, nous avons suivi la nouvelle
orthographe.

D 4

pt se prononce aussi *ps.*

EXEMPLES.

aptitude — nuptial
adoptif — adoption
corruptible — corruption
Egypte — Egyptien
inepte — ineptie
présomptif — présomption
optique — option
obreptice — obreption
souscripteur — souscription
subreptice — subreption

pt se prononce quelquefois simplement.

EXEMPLES.

on écrit	on prononce
Apt *ville*	At
baptême	batême
compte	comte
ptisane	tisane
présomptif	présomtif
somptueux	somtueux
sept	set
septième	setième
symptôme	symtôme
sculpteur	sculteur
sculpture	sculture

p se prononce à la fin des monosyllabes avant une voyelle ou une *h* non aspirée.

EXEMPLES.

trop aimable — trop habile
trop étourdi — trop héroïque
trop insolent — trop historié
trop opulent — trop honorable
trop utile — trop humain

p ne se prononce pas avant une consonne ou une *h* aspirée.

trop babin — trop hardi
trop délicat — trop hérissé
trop difficile — trop hideux
trop colère — trop honteux
trop durement — trop hupé

On ne prononce point le *p* dans le mot *loup.*

q se prononce à la fin des mots *cinq* et *coq*, lorsqu'ils sont avant une voyelle ou une *h* aspirée.

cinq amandes — un coq étranger
cinq hommes — un coq irrité

q ne se prononce point devant une consonne.

on écrit	on prononce
cinq figues	cin figues
cinq pommes	cin pommes
un coq d'inde	un co d'inde

qua se prononce *coua* dans les mots suivans.

on écrit	on prononce
aquatique	acouatique
équateur	écouateur
équation	écouation
quadragénaire	couadragénaire
quadrangulaire	couadrangulaire
quadragésime	couadragésime
quadrature	couadrature
quadrupède	couadrupède
des in-quarto	desin-couarto

quinqua se prononce *cuincoua* dans les mots suivans.

on écrit	on prononce
quinquagénaire	cuincouagénaire
quinquagésime	cuincouagésime
quinconce	cuinconce
Quintilien	Cuintilien
Quinte-Curce	Cuinte-Curce
équestre	écuestre
questeur	cuesteur

r se prononce doucement à la fin des mots, lorsqu'il suit une voyelle ou une *h* non aspirée.

aimer ardemment
servir efficacement
partir incognito
parler obligeamment
se présenter humblement
arriver heureusement
se retirer honnêtement

r ne se prononce point lorsqu'il est suivi d'une consonne ou d'une *h* aspirée.

on prononce sans *r*

aimer tendrement
servir proprement
partir secrètement
parler facilement
se présenter hardiment
publier hautement
se retirer honteusement

D 5

deux *ss* entre deux voyelles se prononcent toutes deux	*s* entre deux voyelles a le son d'un *z*.	*s* se prononce *z* à la fin des mots lorsqu'il suit une voyelle ou une *h* non aspirée.	
basse	bâse	bons amis	*exception pour le discours familier ou l'on dit sans s*
bassin	bâsin	grands ennemis	
boisseau	oiseau	gros intérêts	
buisson	oison	petits obstacles	sages et vertueux
casser	causer	anciens usages	belles et bonnes
chausse	chose	longues ha-	bonnes à manger
coussin	cousin	bitudes	douces au goût
écrevisse	église	premiers hon-	
massue	mâsure	neurs	*comme s'il y avait*
moisson	maison	après eux	
poisson	poison	mes ouvrages	sage et vertueux
rosse	rose	tes officiers	belle et bonne
ruisseau	roseau	les affronts	bonne à manger
tasse	extâse	leurs amis	douce au goût
vassal	vâse	les ennemis	
		nos enfans	*s se prononce toujours à la fin des mots.*
il faut excepter		bonnes affaires	
		tes offres	Agnus
châsse	Asdrubal	ses appas	Bacchus
résusciter	disgrace	tous ensemble	Bolus
préséance	presbytère	très-éloquent	Cadmus
présentir	transiger	très-honnête	Crésus
présenti-	transaction	vous et moi	Darius
ment	transition	ils iront	Danaüs
	Tisbé	elles en sont	Iris , Mars
	transvaser		Momus
			Phalaris
			Pirithoüs
			Romulus
			Sémiramis

sc se prononce *sq* dans les mots suivans	sc se prononce *sç* dans les mots suivans	*t* se prononce à la fin des mots, lorsqu'il suit une voyelle ou une *h* non aspirée.

		EXEMPLES.
scarmouche	sçavant	fort aimable
scapulaire	sçavoir	fort entier
Scamande	scélérat	cent hommes
scandale	scène	petit ignorant
scarification	sceptre	savant écrivain
Scaron	sceaux	savant homme
scribe	scier	
Scot	science	*t* ne se prononce point, lorsqu'il suit une consonne ou une *h* aspirée.
scorbut	sciure	
scorpion	scion	
sculpteur	faisceaux	EXEMPLES.
scrupule		fort content
scrutin	*on écrit*	fort honteux
	schisme	fort nouveau
	on prononce	tout hors d'haleine
	chisme	petit faquin

il faut aussi dire sans *t*

un fort imprenable
un enfant instruit
un port à couvert
savant et poli, etc.

Quelquefois *t* ne se prononce point à la fin des mots.

EXEMPLES.

avant	
aspect	aspect agréable
distinct	district étendu
instinct	instinct admirable
respect	respect infini
suspect	suspect en tout

tia se prononce aussi *sia*

EXEMPLES.

Astianax	Abbatial
bestial	initial
bestialité	Martial
tiâre	nuptial

D 6

tie se prononce aussi *sie* | *tieux* se prononce toujours *sieux*. | *tien* se prononce toujours *tien*.

EXEMPLES.

amnistie   aristocratie
amitié   balbutier
amortie   démocratie
hostie   essentiel
moitié   ineptie
ortie   initier
partie   minutie
rôtie   prophétie

EXEMPLES

ambitieux
captieux
facétieux
factieux
séditieux

EXEMPLES.

chrétien
entretien
maintien
soutien

à l'exception des deux mots

Capétien
Egyptien

tio se prononce aussi *sio*

EXEMPLES.

bastion   action
combustion   collation
gestion   faction
question   nation

---

u forme un son séparé de l'*i*, dans les mots suivans. | l'*u* se confond avec l'*i*, dans les mots suivans :

Ambiguité, aiguille, aiguiser, appui, autrui, aujourd'hui, buisson, conduire, cuivre, fluïde, Guise, instruire, luire, muids, nuire, puise, ruine, suivre, suïcide, traduire, etc.

Anguille, béguine, béquille, bourguignon, déguiser, figuier, guide, guider, Guillaume, guillemet, guise, sanguinaire, vuide, vuider, etc.

x se prononce *cs* dans les mots suivans :	x a le son de deux *ss* dans les mots suivans :	x a le son du *z* dans les mots suivans : on écrit on prononce	z rend fermé l's qui le précède dans les mots suivans :
Alexandre	Auxerre	sixain sizain	
Alexis	Bruxelles	sixième sizième	allez-y
axiome		dixain dizaine	venez-y
auxiliaire	et le son d'une *s* dans les mots suiv.		
fixer			
taxer	Xaintonge	beaux yeux	z rend ouvert l'e qui précède dans les mots suivans :
x se prononce *gz* dans les mots suiv.	soixante	officieux ami	
examen		généreux enne-mis	Sanchez
exemple		précieux office	Rodriguez
exiler			
exorde			
exhume			

y a le son de deux *ii* entre deux voyelles.	y n'a que le son d'un *i* entre deux consonnes.	lorsqu'une voyelle a deux points elle doit être prononcée séparément de celle qui la précède.
aboyer	amygdales	**EXEMPLES.**
Bayonne	collyre	
bégayer	diachylon	athéïsme poëte
crayonner	hydropisie	Caën Pirithoüs
employer	lymphe	déïste Raphaël
fayancier	olympe	haïr Saul
larmoyer	physique	Judaïque stoïcien
moyen	sympathie	laïque
noyer	symptômes	Moïse
payer		naïf
rayonner		païs

INSTRUCTION

Pour les personnes qui enseignent à lire.

POUR mieux faire connaître aux enfans les voyelles longues et celles qui sont brèves, il faut enfin leur mettre sous les yeux un petit extrait du traité qu'en a fait **M.** l'abbé d'Olivet. C'est un ouvrage neuf et précieux, qui devrait être entre les mains de tous ceux qui ont le goût de notre langue.

M. l'Abbé d'Olivet divise les voyelles en longues, brèves et douteuses ; mais pour ne point embarrasser les enfans, on ne les divise ici qu'en longues et brèves.

PROSODIE FRANÇAISE.

A , *première lettre de notre alphabet*, long.
Un petit a ,
un grand a ,
une panse d'a (*),
il ne sçait ni a ni b.

A préposition et verbe, est bref.
Je suis à Paris ,
j'écris à Rome ,
il a été ,
il a parlé.

A , long *dans* âcre , âge, agnus, ame, âne, anus , apre , etc.

A , bref *dans* Apôtre , apprendre , altéré , il chanta , etc.

ABE, long *dans* Arabe, astrolabe.

ABE, bref *dans* syllabe, syllabaire.

ABLE, long *dans* cable, diable, érable, fable, rable , sable , on accable , il hable.

ABLE , bref *dans* aimable , capable , durable , raisonnable , table , étable.

ABRE , toujours long , cinabre , sabre , il se cabre , délabrer , se cabrer.

AC , toujours bref , almanach , bac , sac , estomac , tillac.
les plur. toujours longs.

ACE , long *dans* espace, grace , on lace , on délace, on entrelace.

ACE, bref *dans* audace, glace, préface, tenace , vorace , place.

(*) *Panse* veut dire *ventre*, et signifie ici la partie de la lettre qui avance.

M. Despréaux ne connaissait point sans doute cette délicatesse , lorsqu'il a fait rimer *préface* avec *grâce.*

Un auteur à genoux dans une humble Préface ,
Au lecteur qu'il ennuie à beau demander grâce.

Ache, long *dans* lâche, gâche , tâche , se fâcher , mâcher , relâcher , etc.

Ache , bref *dans* tache, moustache , vache , Eustache , il se cache , etc.

Acle·, toujours long : racler, oracle , miracle , obstacle , spectacle , tabernacle.

Acre , long *dans* âcre, *piquant* , sacre , *oiseau.*

Acre , bref *dans* acre , *de terre* , diacre , nacre , sacre *du Roi.*

Ade , toujours bref : aubade , cascade , fade , sérénade , il persuade , etc.

Adre, long *dans* cadre, escadre , quadrer , encadrer , madré.

Adre, bref *dans* ladre.

Affe , Aphe , Affre , toujours bref : carafe, épitaphe, agraffe, balaffre , etc.

Afle, long *dans* rafle, je rafle , rafler , érafler.

Age, long *dans* âge.

Age , bref *dans* rage , page.

AGNE, long *dans* je gagne, gagner.

AGNE, bref *dans* campagne, Ascagne.

AGUE, bref *dans* bague, dague, vague, extravaguer, etc.

AIGNE, toujours bref : châtaigne, baigner, daigne, saigner.

AIGRE, long *dans* maigre, maigreur.

AIGRE, bref *dans* aigre, vinaigre.

AIL, bref *dans* bercail, bétail, évantail, etc.

Les pluriels longs.

AILLE, long *dans* bataille, caille, maille, railler, mailler, etc.

AILLE, bref *dans* médaille, émailler, travaille, *et aux indicatifs :* je détaille, j'émaille, je bataille.

AILLET et AILLIR toujours bref : maillet, paillet, jaillir, assaillir.

AILLON, long *dans* baillon, haillon, penaillon, nous taillons.

AILLON, bref *dans* bataillon, médaillon, émaillons, déraillons, travaillons, etc.

AÎNE, long *dans* chaîne, haîne, gaîne, je traîne.

AÎNE, bref *dans* fontaine, plaine, capitaine, hautaine, souveraine.

AIR, bref *dans* l'air, chair, éclair, pair.

AIRE , long *dans* une aire , chaire , une paire , il éclaire.

AIS , AISE , AISSE , toujours longs : palais , plaise , caisse , qu'il paraisse.

AIT , AITE , longs *dans* il plaît , il naît , il paît , faite , attraits , parfaits , etc.

AIT , AITE , brefs *dans* attrait, il fait , lait , parfait , parfaite , retraite.

ALE , long *dans* hâle , pâle , mâle , râle , râler , hâlé , paleur , etc.

AL , ALE , ALLE , brefs *dans* royal, bal, moral , cigale , malle , scandale , etc.

AME , AMME , longs *dans* âme , infâme , blâme, flamme, nous aimâmes, nous chantâmes , *et tous les prétérits* en âmes.

AME , AMME , brefs *dans* dame , épigramme , estame , rame , enflammer , . j'enflamme , etc.

ANE , ANNE , AMNE , longs *dans* crâne, les mânes, de la manne, damner, condamner.

ANE, ANNE, brefs *dans* cabane, organe, organiste, panne, pannetier.

APE , long *dans* râpe , râpé , râper.

APE, APPE, brefs *dans* Pape , frappe , frapper, sappe , sapper.

ARE, ARBE, longs *dans* avare, barbare, barre, bisarre , je m'égare , tiare , barreau , barrière , larron , carrosse , carrière.

ARE, ARRE, brefs *dans* avarice , barbarie , je m'égarais , amarrer , etc.

AVE , long *dans* con-clave , entrave , gra-ve , je pave , etc.

AV , AVE , brefs *dans* conclaviste, gravier, aggraver, paveur, etc.

ECS , long *dans* les Grecs , les échecs.

EC , bref *dans* sec , Grec , échec.

EBLE, EBRE, ECE, brefs *dans* hièble , funè-bre , nièce , pièce.

ÊCHE , long *dans* bê-che, lêche, griêche, revêche , pêche , *fruit, ou l'action de prendre le poisson.*

ECHE, bref *dans* calè-che , flèche , flamè-che , sèche , brèche , péché , pécher.

ECLE , EDE , EDER , brefs *dans* siècle , tiède , remède , cé-der, posséder, etc.

ÉE, toujours long *à la fin des mots* pensée , aimée ; *et ainsi des autres voyelles sui-cies d'un* e muet, lie, jolie , nue , etc.

EF, EFFE , longs *dans* chefs , brefs , greffe , etc.

EF , EFFE , brefs *dans* chef , bref , effet , etc.

EFLE, long *dans* nefle.

EFFLE, bref *dans* trefle

ÉGE, long *dans* collé-ge , sacrilége , siége , etc.

EGE , EGLE , EIGLE , brefs *dans* léger , rè-gle , scigle , etc.

EGNE , long *dans* règne , duègne , etc.

EGNE , EIGNE , brefs *dans* impregne, peigne , enseigne , qu'il feigne.

EGRE , EGUE , brefs *dans* alléguer , bègue , collègue , intègre , nègre , etc.

EIL , EILLE , long *dans* vieil , vieillard , vieillesse.

EIL, EILLE, brefs *dans* soleil, abeille, sommeille , etc.

EIN , EINT , longs *au pluriel :* dépeints , desseins , sereins.

EIN , EINT , brefs *dans* atteint, dépeint, dessein , serein , etc.

EINE , long *dans* reine.

EINE , *presque* bref *dans* peine , veine.

EINTE , toujours long : atteinte , dépeinte , feinte ,

EITRE , long *dans* reître.

ELE , ELLE , longs *dans* zèle , poêle , frêle , pêle-mêle , il grêle , il se fêle , parallèle.

ELE , ELLE , brefs *dans* modèle , fidèle , immortelle , rebelle , etc.

EM , EN , long *dans* temple , exemple , gendre , prendre , cimenter , tenter.

EM , EN , brefs *lorsque la consonne est redoublée , comme dans* emmener, ennemi , etc. *et à la fin des mots* item , amen , examen , hymen , Bethléem.

EME, long *dans* apozème, baptême, chrême, diamètre.

EME, bref *dans* je sème, tu sèmes, il sème, etc.

ENE, ENNE, longs *dans* alène, chêne, scène, gêne, frêne, Athènes, antennes.

ENE, ENNE, brefs *dans* qu'il apprenne, étrenne, phénomène, qu'il prenne, etc.

EPE, EPRE, longs *dans* crêpe, guêpe, vêpres.

ÉPRE, bref *dans* lèpre lépreux, etc.

EPTE, EPTRE, toujours bref : il accepte, sceptre, spectre, précepte.

EQUE, long *dans* Evêque, Archevêque.

EQUE, ECQUE, brefs *dans* Grecques, bibliotèque, obsèques.

ER, long *dans* amer, Enfer, hiver, verd, léger, etc.

ER, bref *dans* Jupiter, Esther, *et dans les infinitifs* louer, manger, etc.

ERC, bref *dans* clerc, etc.

ERE, ERR, longs *dans* Chimère, père, il erre, il espère, sincère, perruque, nous verrons.

ERE, ERR, brefs *dans* chimérique, espérer, sincérité, erreur, erroné, errata, etc.

ESE, long *dans* il pèse.

ESE, bref *dans* pese-t-il,

ESSE, long *dans* abbesse, professe, compresse, on me presse, expresse, cesse, lesse.

ESSE, bref *dans* caresse, paresse, tendresse, adresse, etc.

ESTE , ESTRE , brefs *dans* modeste, leste, terrestre.

ET, EST, long *dans* arrêt, benet, forêt, genet , prêt , acquet , apprêt , intérêt , têt, protêt , il est , etc. *et dans les pluriels.*

ET , bref *dans* cadet , bidet, sujet, hochet , marmouzet , etc.

ETE , long *dans* bête , fête , honnête, boëte , tempête , quête , arrêté , etc.

ETE , bref *dans* Prophête , poëte , comète , tablette.

ETRE , long *dans* être, ancêtre, salpêtre, fenêtre, prêtre, hêtre, champêtre , guêtre , je me dépêtre.

ETRE , ETTRE , brefs *dans* diamêtre , il pénètre, lettre, mettre , etc.

EULE , long *dans* meule , veule , etc.

EULE, bref *dans* seule, gueule , etc.

EUNE , long *dans* jeûne , *abstinence.*

EUNE , bref *dans* jeune , *en parlant de la jeunesse.*

EURE , long *dans* cette *fille est* majeure , *j'attends depuis une* heure.

EURE , bref *dans* la majeure *part* , une heure *entière.*

EVRE , long *dans* orfèvre , lèvre, chèvre, lièvre.

EVR, EVRE, brefs *dans* levrette , chévrier , levraut , chevreuil,

IDRE , YDRE , longs *dans* hydre , cidre.

YDRE, bref *dans* hydromel , *et par-tout ailleurs.*

IE, long *dans* il crie, il prie, vie, saisie. | IE, bref *dans* crier, prier, etc.

IGE, long *dans* tige, prodige, litige, je m'oblige, il s'afflige. | IGE, bref *dans* obliger, s'affliger, etc.

ISLE, long *dans* isle, presqu'isle, etc. | ISLE, bref *par-tout ailleurs.*

IRE, long *dans* empire, cire, écrire, il soupire, il désire. | IRE, bref *dans* soupirer, désirer, etc.

ITE, ITRE, long *dans* bénite, gîte, régître, vîte, etc. | ITE, ITRE, brefs *dans* bénitier, réitérer, titre, arbitre, etc.

IVE, IVRE, long *dans* tardive, captive, Juive, vivre, ivre, etc. | IVE, IVRE, brefs *dans* captiver, captivité, ivresse, etc.

O, long *dans* oser, osier, ôter, hôte, etc. | O, bref *par-tout ailleurs et au commencement des mots* hôtel, hôtellerie.

OBE, long *dans* globe, lobe, etc. | OB, OBE, brefs *dans* globule, obélisque, *et par-tout ailleurs.*

ODE, long *dans* roder, je rode. | ODE, bref *dans* mode, antipode.

OGE, long *dans le seul mot* Doge. | OGE, bref *dans* éloge, horloge, déroger, *et par-tout ailleurs.*

OGNE, long *dans* je rogne. | OGNE, bref *dans* trogne, Bourgogne, *et par-tout ailleurs.*

Oin , long *dans* oint , moins , joindre , pointe.

Oir , Oire , longs *dans* boire , gloire , dortoir , histoire , mémoire.

Oi , toujours long *à la fin d'un mot ;* Bourgeois , St. François.

Ole , long *dans* drôle, geôle, môle, contrôle, rôle, il enjôle, il enrôle , il vôle , *de* vôler *en l'air.*

Om , On , longs *lorsque l'*m ou *l'*n *n'est pas redoublée comme dans* bombe, conte, monde , etc.

Ome, One, longs *dans* atôme , axiôme , amazône , prône , aumône , etc.

Ore, Orps, Ors, longs *dans* encore , hors , corps , pécore , je décore.

Or , long *dans* dépôt , impôt , prévôt , entrepôt , rôt , tôt.

Oin , bref *dans* loin , besoin, moins, jointure , appointé.

Oir , Oire , bref *dans* espoir, terroir , territoire , écritoire.

Ois , bref *dans* bourgeoisie , foison , foisonner.

Ol , Ole , Olle , brefs *dans* géolier , contrôleur , rollet , il vole , (*il dérobe.*)

Om , On , brefs *lorsque l'*m ou *l'*n *est redoublée , comme dans* sommeil, connaître, monnaie, je sonnais.

Omme , Onne , brefs *lorsque la consonne est redoublée ,* somme , pomme , consonne , Couronne , etc.

Or , Ore , brefs *dans* encor, décoré , évaporé , etc.

Ot, bref *dans* despote, impotent , déporté , roti , prévotal.

Ote ,

OTE , long *dans* côte , côté , hôte , j'ôte , note , maltôte.

OTE , bref *lorsque la consonne est redoublée*, hotte, cotte, *et dans les mots* flotte, note , motet , etc.

OTRE , long *avec l'accent circonflexe :* le nôtre , le vôtre , Apôtre.

OTRE , bref *lorsqu'il n'a point d'accent :* notre ami , votre affaire.

OUE , OUDRE , longs *dans* poudre, moudre , résoudre ; il loue , roue.

OUL , OUDRÉ , OUÉ , brefs *dans* poudré , moulu , loué , roué, etc.

OUILLE , long *dans* rouille, j'embrouillé, il débrouille, etc.

OUILLÉ , bref *dans* rouillé , brouillon , brouillard , etc.

OURRE, long *dans* de la bourre, il bourre , il fourre, qu'il courre.

OURRE , bref *dans* bourrade, courrier, rembourré , etc.

OUSSE , long *dans* pousser , je pousse , etc.

OUSS , OUSSE , brefs , *dans* tousser, je tousse , coussin , etc.

OUTE, long *dans* joute, je goûte , croûte , voûte, il se dégoûte.

OUTE, bref *dans* ajouter , couter , couteau , il doute.

OUTRE , long *dans* coutre , poutre.

OUTRE , bref *dans* outré , outrance , *et par-tout ailleurs.*

UCHE , long *dans* bûche , embûche , on débuche , etc.

UCHE , bref *dans* bucher, bucheron, débucher, etc.

E

Ue , toujours long : vue , cohue , tortue , on distribue , etc.

Ue , *presque* bref *dans le seul mot* écuelle.

Uge , long *dans* délu- ge , réfuge , juge , ils jugent.

Uge , bref *dans* juger, réfugier, etc.

Ule , long *dans* brû- ler , je brûle.

Ulle , ule , bref *dans* bulle , mule , etc.

Um , Ume , Un , longs *dans* humble , j'em- prunte , parfums , bruns , nous reçû- mes, nous ne pûmes, etc.

Um , Ume , Un , brefs *dans* humblement , brume , parfumé , brune , pétun , pé- tune , un , une , dunes , hunes.

Ure , long *dans* augu- re , parjure , on as- sure , etc.

Ure , bref *dans* augu- rer, parjurer, assu- rer , etc.

Use, long *dans* excuse, je recuse , muse , ruse , incluse , etc.

Use , bref *dans* excu- ser , récuser , refu- ser, etc.

Usse, long *dans* je pus- se , je connusse , ils accourussent , etc.

Uce , bref *dans* au- muce , astuce , pu- ce , etc.

Ut, long *dans tous les verbes au subjonctif;* qu'il fût. qu'il mou- rût , *et dans le seul* mot fût *de tonneau ,* etc.

Ut, bref *dans tous les verbes à l'indicatif,* il fut , il mourut , *et dans les substan- tifs* affut . scorbut , etc.

INSTRUCTION

Pour les Personnes qui enseignent à lire.

LA page 100 présente un petit tableau de chiffres Romains et Arabes, depuis un jusqu'à mille. Il faut donner de bonne heure ces notions aux enfans pour les initier au calcul et à la numéra-tion : ce travail est l'affaire de la main, soit au crayon, soit à la plume.

Cette leçon est suivie de l'expli-cation des abréviations qui se ren-contrent souvent dans les livres et dans les gazettes. Il ne faut point négliger de les leur faire connaître : on leur épargnera par-là, la morti-fication de se trouver arrêtés, quand les abréviations se présentent.

E 2

CHIFFRES

Romains et Arabes.

Romain.	Arabe.	Romain.		Arabe.
I	un	1	XXI vingt-un	21
II	deux	2	XXII vingt-deux	22
III	trois	3	XXIII vingt-trois	23
IV	quatre	4	XXIV vingt-quatre	24
V	cinq	5	XXX trente	30
VI	six	6	XL quarante	40
VII	sept	7	L cinquante	50
VIII	huit	8	LX soixante	60
IX	neuf	9	LXX soixante-dix	70
X	dix	10	LXXX quatre-vingt	80
XI	onze	11	XC quatre-vingt-dix	90
XII	douze	12	C cent	100
XIII	treize	13	CXX cent vingt	120
XIV	quatorze	14	CL cent cinquante	150
XV	quinze	15	CC deux cents	200
XVI	seize	16	CCC trois cents	300
XVII	dix-sept	17	CD quatre cents	400
XVIII	dix-huit	18	D cinq cents	500
XIX	dix-neuf	19	DC six cents	600
XX	vingt	20	M mille	1000

ABRÉVIATIONS

Qui se rencontrent le plus ordinairement dans les livres, et principalement dans les gazettes.

J. C. JÉSUS-CHRIST.

N. S. J. C. Notre-Seigneur Jésus-Christ.

S. M. Sa Majesté.

LL. M. Leurs Majestés, le Roi et la Reine.

V. M. Votre Majesté, **en parlant** au Roi.

LL. H. P. Leurs Hautes Puissances, en parlant de la Hollande ; on dit encore, en parlant d'elle,

L. É. G. Les États-Généraux.

L. P. O. La Porte Ottomane, ou simplement la Porte. C'est la Cour du Grand Seigneur.

Mgr. Monseigneur.

Mad. Madame.

Mesd. Mesdames.

Mlle. Mademoiselle.

N. D. Notre - Dame , la Sainte Vierge.

E 3

Le P. R.   Le Prince Royal, le fils aîné du Roi de Suède, et celui du Roi de Prusse.

La R. P. R. La Religion Prétendüe Réformée.

S. A.   Son Altessse ⎱ C'est le titre des
V. A.   Votre Altesse. ⎰ Princes et Princesses du Sang.

S. A. Elect. Son Altesse Electorale. C'est le titre des Princes Electeurs de l'Empire.

S. A. E.   Son Altesse Eminentissime, en parlant d'un Cardinal.

S. A. R.   Son Altesse Royale ; c'est le titre des Princes et des Princesses du Sang.
            Nota. C'est aussi le titre des Electeurs qui sont Rois, quand on n'en parle que comme Electeurs.

S. A. S.   Son Altesse Sérénissime.
V. A. S.   Votre Altesse Sérénissime, en parlant aux Princes.

S. Em.   Son Eminence.   ⎱ En parlant
V. Em.   Votre Eminence.   ⎰ d'un, ou à un Cardinal.
S. Exc.   Son Excellence.   ⎱ En parlant aux Ambassa-
V. Exc.   Votre Excellence. ⎰ deurs et Plénipotentiaires.
S. G.   Sa Grandeur.

V. G.   Votre Grandeur.

S. H.   Sa Hautesse, en parlant de l'Empereur des Turcs.

S. M. T. C. Sa Majesté Très-Chrétienne, le Roi de France.

S. M. B.   Sa Majesté Britannique, le Roi d'Angleterre.

S. M. C.   Sa Majesté Catholique, le Roi d'Espagne.

S. M. D.   Sa Majesté Danoise, le Roi de Danemarck.

S. M. Imp. Sa Majesté Impériale, l'Empereur.

S. M. Nap. Sa Majesté Napolitaine, le Roi de Naples.

S. M. P.   Sa Majesté Polonaise, le Roi de Pologne.

S. M. Port. Sa Majesté Portugaise, le Roi de Portugal.

S. M. Pr.   Sa Majesté Prussienne, le Roi de Prusse.

S. M. Suéd. Sa Majesté Suédoise, le Roi de Suède.

S. S.   Sa Sainteté, le Pape.

V. S.   Votre Sainteté, en lui parlant.

L. S. P.   Le Saint Père, en parlant du Pape.

E 4

V. G.   Votre grandeur, en parlant aux Archevêques, Evêques, Ministres, Duc, Généraux d'Armée.

Don *ou* Dom Mot Espagnol, qui signifie *Monsieur*. On donne ce titre aux Bénédictins, Chartreux, Bernardins et Bernabites.

Le T. R. P. Le Très-Révérend Père, ou le Révérendissime Père : on donne ce titre aux Religieux distingués dans leur ordre.

La R. M. La Révérende Mère : on donne ce titre aux Religieuses ; elles se le donnent elles - mêmes entr'elles.

Fin de la Première Partie.

LES
VRAIS PRINCIPES
DE LA LECTURE,
DE L'ORTHOGRAPHE
ET
DE LA PRONONCIATION
FRANÇAISE.

SECONDE PARTIE.

INSTRUCTION

Pour les Personnes qui enseignent à lire.

ON a renfermé dans la première Partie des VRAIS PRINCIPES DE LA LECTURE tout ce qui regarde la prononciation de la Langue Française : on s'est attaché dans cette seconde Partie, à donner aux jeunes personnes une idée de nos connaissances. Les pages suivantes

E 5

contiennent une suite de pièces de lecture sur différens mots arrangés suivant l'ordre alphabétique. On n'a eu d'autre objet que de donner aux enfans de simples notions relatives aux arts , aux sciences, à la Religion , à la guerre , au commerce, et généralement à tout ce dont il est nécessaire et agréable d'avoir quelques idées nettes et précises.

Il serait important , pour un enfant , que son maître s'arrêtât avec lui à considérer chacun de ces différens objets, et à les retourner , pour ainsi dire , sous ses yeux ; ce sont autant de germes qui, jettés adroitement dans l'esprit, sont bien propres à l'enrichir, et à lui donner de la fécondité.

PETITES PIÈCES DE LECTURE.

L'Agriculture.

On pourrait absolument se passer de certaines connaissances, qu'on ne recherche que pour l'ornement de l'esprit ; mais l'Agriculture en est une nécessaire, puisqu'elle enseigne à faire produire à la terre, les grains, les fruits et les légumes. C'est aussi par les soins de l'agriculture que nous avons des arbres assez forts pour construire des maisons, et pour d'autres usages.

L'Algèbre.

On trouve dans l'Algèbre une façon de calculer plus prompte et plus étendue encore que dans l'arithmétique ; mais l'Algèbre est une science qui paraît si difficile, qu'on dit communément de quelque chose qu'on a de la peine à comprendre : *c'est de l'Algèbre.*

L'Anatomie.

Le corps humain est composé de tant de parties, qu'il faut une longue étude pour les connaître, et une grande expérience pour savoir quelles sont leurs fonctions.

E 6

L'Anatomie qui donne cette connaissance a plusieurs divisions, dont la principale est l'ostéologie , qui enseigne à
l'Anatomiste à distinguer les différentes
propriétés des os.

L'Arithmétique.

On peut dire que l'Arithmétique ou l'art
de chiffrer est une des plus utiles sciences.
C'est en suivant ses principes qu'on compte avec certitude , et qu'on suppute d'un
trait de plume les nombres les plus divisés.
Les caractères qu'on emploie pour compter, sont de deux espèces. Le chiffre arabe
dont on se sert communément, et le chiffre romain ou chiffre de finance. Tel est
celui qui marque l'heure sur nos cadrans.

L'Architecture.

Si l'on veut bâtir solidement une maison,
la rendre commode, et l'orner avec goût,
il faut se rendre familières les règles de
l'Architecture. Les Architectes , avant
de commencer un bâtiment , en tracent
sur le papier les plans et les élévations.
On appelle Architecture civile , l'art
de construire les maisons ; comme on appelle Architecture militaire, l'art de for-
tifier les places. Les ouvriers employés

aux bâtimens , travaillent sous les ordres
de l'Architecte.

On compte cinq ordres d'Architecture,
savoir : le Toscan, le Dorique, l'Ionique,
le Corinthien et le Composite.

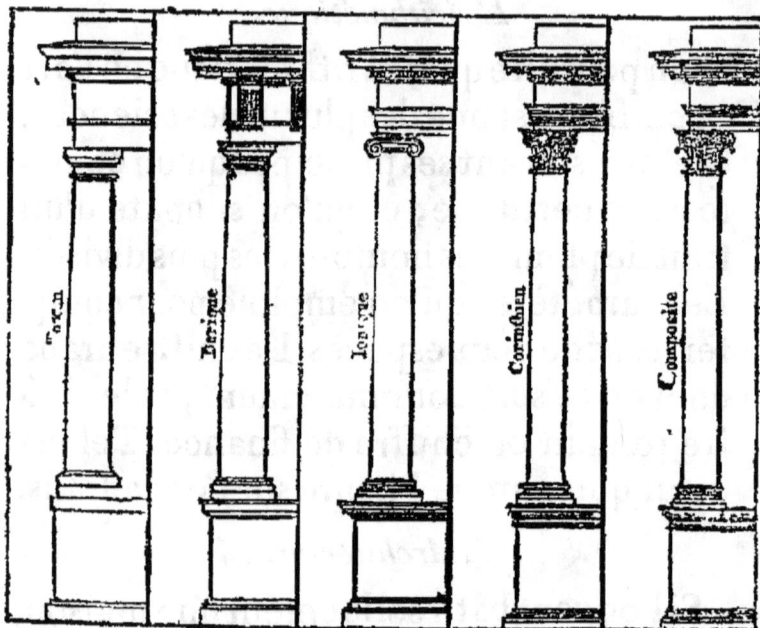

Les Arts et Métiers.

On nomme Arts et Métiers ce qui fait
l'occupation des artisans et des ouvriers.
Il y a peu de ces métiers qui ne tiennent
aux mathématiques , ou à quelque autre
science. Les manufactures sont des maisons où l'on rassemble plusieurs ouvriers
pour la même entreprise. Telles sont les

manufacturés de glaces, de fer-blanc, de verres, de draps, de tapisseries, etc.

L'Artillerie.

On ne sçaurait s'emparer d'une place forte, sans le secours du canon, des bombes, des grenades, et des autres machines de guerre qui sont en usage pour détruire les remparts, et brûler les villes qui font résistance.

On comprend dans l'Artillerie l'art de construire ces machines, et la perfection des différentes manœuvres qu'on emploie pour s'en servir avec succès.

L'Astronomie.

Les Astres ont une grandeur déterminée, dont les Astronomes rendent un compte exact, et ils connaissent si bien la distance et le cours de ces Astres, qu'ils annoncent une éclipse qui ne doit paraître que dans cent ans, dans mille ans.

Le progrès que l'on fait dans l'étude de la sphère sert beaucoup à l'intelligence de l'Astronomie.

L'Astrologie.

Plus on a d'admiration pour la certitude de l'Astronomie, plus on a de mépris pour la fausseté de l'Astrologie judiciaire. Les

Astrologues prétendent lire dans les Astres le bonheur ou le malheur de ceux qui ont la faiblesse de les consulter ; mais toutes les sciences qui ont la divination pour objet , telles que la chiromancie , la négromancie , la cabale et quelques autres encore, sont des sciences que les gens sensés ne connaissent que pour en faire sentir le ridicule.

Les Belles-Lettres.

Connaître les Auteurs qui ont écrit en prose ou en vers , dans quelque langue que ce soit, c'est savoir les Belles-Lettres. On donne le titre d'hommes lettrés à ceux qui ont lu avec réflexion , et qui ont retenu ce qu'il y a de meilleur dans les livres. Rien ne fait tant d'honneur que d'être en état de citer à propos quelques vers ou quelques phrases d'un Auteur.

C'est ce qu'on appelle avoir de l'érudition.

Le Blason.

Chaque Royaume, chaque Ville , chaque Communauté, chaque famille , a une marque particulière qu'on grave, qu'on brode , qu'on peint sur ce qui leur appartient ; ces marques sont connues sous le nom d'armes ou d'armoiries.

L'art héraldique ou le blason , qui apprend à nommer en termes propres et particuliers toutes les parties qui composent ces armoiries , consiste principalement à connaître les traits ou achures dont on est convenu pour représenter les métaux et les couleurs. Ainsi l'or se marque par des points fig. 1. L'argent est tout blanc 2. Le bleu ou azur se représente par des lignes hórisontales 3. Les gueules ou rouge par des traits perpendiculaires 4. Le sinople ou vert par des lignes diagonales de droite à gauche 5. Le pourpre ou violet par des lignes aussi diagonales de gauche à droite 6. Le sable ou noir par des lignes croisées 7.

1   2   3   4   5

6   7

La Botanique.

Une partie des plus essentielles de l'Agriculture, et la plus utile à la médecine, c'est sans contredit la Botanique.

Nous connaissons environ trente-six mille plantes. Un Botaniste doit en distinguer les noms et les espèces, et doit sur-tout savoir quel est l'usage de chacune de ces plantes.

La Botanique s'appelle aussi la connaissance des Simples.

La Chimie.

Les trois règles de l'histoire naturelle font l'occupation de la Chimie. Elle distille les plantes, pour en séparer le pur et l'impur; elle travaille les métaux pour les rendre plus parfaits. Différentes parties des animaux sont aussi mises en œuvre par les Chimistes. Les opérations qui ne tendent qu'à la composition des médicamens, appartiennent à la Pharmacie, qu'on appelle aussi apothicairerie et pharmacopée.

La Chirurgie.

Le Chirurgien doit avoir une connaissance parfaite de l'anatomie, pour réparer les accidens qui peuvent arriver à chaque

partie du corps ; il panse les plaies, il re-
dresse et rétablit les membres offensés
ou rompus. Toutes les opérations, enfin,
qu'on est obligé de faire sur le corps humain, sont enseignées par la Chirurgie.

Le Commerce.

Sans le Commerce , nous manque-
rions d'un grand nombre de choses qui
viennent des pays étrangers ; les étrangers manqueraient aussi de tout ce qu'ils
tirent de chez nous.

Acheter des étoffes, des meubles, des
denrées dans tous les pays, et dans toutes
les villes du monde , envoyer dans ces
pays et dans ces villes, des marchandises
pour y gagner, c'est faire le commerce ;
c'est être dans le négoce. Les Banquiers
commercent aussi en argent , par le
moyen des lettres de change.

La Critique.

Il semble qu'il soit aisé de critiquer les
actions, ou les ouvrages qui méritent de
l'être, et rien ne demande plus d'art et
de ménagement pour le faire, de façon
que ceux même qui sont critiqués , ne
puissent s'en plaindre.

La critique est de tous les talents le plus
dangereux ; et l'on ne peut en éviter les

inconvénients; qu'en l'accompagnant de toute la politesse possible.

La Chronologie.

Les, évènemens dont parle l'histoire, sont arrivés dans des temps différents, qu'il est important de retenir pour ne pas les confondre. L'exactitude dans les citations qu'on fait de ces temps , se nomme Chronologie.

Un Chronologiste sait dans quels temps la ville de Rome a été bâtie ; en quelle année Jésus-Christ est mort ; quel jour Louis XV fut sacré roi de France , et généralement les dates précises de chaque trait d'histoire.

La Danse.

Tout le monde connaît la Danse ; on sait que c'est l'art de former, au son des instrumens ; différens pas, qui doivent toujours conserver les grâces de la belle nature. Mais bien des gens ignorent que la chorographie apprend à tracer et à distinguer sur le papier, les différentes figures de toutes sortes de danses et de ballets les plus composés.

Le Dessin.

Nous connaissons peu d'arts qui puissent se passer du Dessin. Tracer au crayon la vue d'une campagne, une figure, la façad d'une maison, d'un jardin, les fleurs d'une étoffe, est ce qu'on appelle dessiner.

Il y a des Dessinateurs qui ne travaillent que pour l'architecture, les uns pour le paysage, et les autres pour l'ornement.

La Déclamation.

Les discours composés selon les règles de la rhétorique, se prononcent avec une exactitude et un ton mesuré, qu'on nomme la déclamation. Un Orateur (c'est le nom de ceux qui font ces discours) doit avoir autant d'attention à prononcer qu'à composer. La déclamation du poëme dramatique est ce qu'on appelle jouer la comédie.

Réciter des vers comme ils doivent être récités, c'est aussi déclamer.

Les bons déclamateurs sont rares.

Les différens Exercices.

L'art de tirer des armes est un exercice nécessaire à un homme exposé à attaquer et à se défendre l'épée à la main.

Plusieurs exercices sont aussi en usage pour l'utilité et pour l'amusement; ils ont chacun leurs règles particulières: tels sont l'art de voltiger, la chasse aux chiens courans, la chasse aux oiseaux de proie, la pêche, et beaucoup d'autres.

L'Économie.

Les détails qu'exigent les différentes nécessités de la vie, sont les détails de l'économie. Un esprit économe, persuadé que la plus belle économie est de donner le plus souvent que l'on peut, mais qu'il faut donner à propos, sait régler sa dépense sans avarice et sans prodigalité.

L'Écriture.

L'Écriture trace par un certain nombre de caractères décidés tout ce que l'esprit peut penser ; et, comme dit un Poëte, l'écriture est l'art *de peindre la parole, et de parler aux yeux.* La forme différente qu'on donne aux lettres qui composent l'écriture, lui donne aussi différens noms.

Nous avons l'écriture gothique, la bâtarde, l'anglaise, la ronde, la française, la coulée ou financière, et la romaine.

La Fable.

La Fable était la religion des payens; ils adoraient plusieurs dieux. La connaissance de ces faux dieux, et de tout ce qui a quelque rapport à eux, se nomme aussi mythologie ; il faut prendre garde de confondre la fable avec les fables qui sont de petits contes que l'on récite. On appelle Fabulistes ceux qui font des fables, et Mythologistes ceux qui savent la mythologie.

La Finance.

Tous ceux qui font leur principale occupation de recevoir et de donner de l'argent, sont appelés gens de finance. Les Receveurs lèvent les sommes qui sont dues au Roi dans chaque Province de son Royaume ; et les Trésoriers paient par son ordre les différens officiers qui le servent : ce qu'il faut savoir pour réussir dans la distribution et le maniement de cet argent, est ce qu'on appelle finance.

Les Fortifications.

Pour bien attaquer ou défendre une place, il faut en connaître le fort et le faible. L'étude des fortifications, qu'on appelle l'architecture militaire, donne cette connaissance, en enseignant à élever des remparts, des demi-lunes et d'autres ouvrages qui puissent empêcher l'énnemi d'aborder. Les Ingénieurs sont ceux qui font une étude plus particulière des fortifications et des travaux nécessaires pour se rendre maître d'une ville fortifiée.

La Géographie.

La connaissance générale des parties qui composent le Monde, s'appelle Géographie. Pour donner cette connaissance, sans être obligé de parcourir ces pays immenses, les Géographes tracent sur des cartes la situation et la forme de ces pays. On distingue facilement, sur les cartes, les mers, les montagnes, les rivières, les villes, et tout ce qui forme le monde terrestre.

La Géométrie.

Le traité le plus important des mathématiques, et qui aide le plus à réussir dans l'étude des autres traités, c'est la Géométrie. Le bon Géomètre mesure et divise par des règles certaines, tout ce qui se présente à la vue, et même à l'imagination.

La Généalogie.

On ne doit point négliger de connaître le commencement, le progrès et les alliances des familles illustres. Cette famille a sa généalogie, c'est-à-dire, une suite connue de pères, grands-pères, bisaïeuls, trisaïeuls, etc. Louis XV était fils de Louis duc de Bourgogne, qui avait épousé Marie-Adélaïde de Savoie. Le duc de Bourgogne était petit-fils de Louis XIV. Louis XIV.

était fils de Louis XIII. C'est ainsi qu'un généalogiste expose les degrés de parenté.

La Guerre.

Dès qu'un Souverain a des justes raisons de se plaindre d'un autre Souverain, il lui déclare la guerre. Il envoie sur les terres de son ennemi un nombre considérable de troupes pour s'emparer des villes qui sont sous son obéissance. L'art de la guerre est celui d'attaquer et de défendre ces villes, et les chemins qui y conduisent : c'est la science d'un Général d'armée, et de tous les officiers qui servent sous ses ordres.

La Grammaire.

L'assemblage des règles établies pour parler correctement une langue, s'appelle Grammaire. On dit qu'un homme est bon Grammairien, quand il parle bien sa langue. C'est dans la grammaire qu'on apprend l'orthographe, qui est la principale partie de l'écriture. L'orthographe consiste à employer les lettres nécessaires pour former chaque mot, et à n'en point mettre d'inutiles.

L'Histoire.

Sans les recherches des historiens, nous ignorerions ce qui est arrivé depuis la création du Monde, dans tous les pays qui

le

le composent. L'histoire universelle nous rappelle non-seulement ce qui s'est passé chez chaque peuple, mais elle nous apprend encore les mœurs, les liaisons et les guerres que ces peuples ont eus. Les histoires particulières sont celles qui ne parlent que d'un pays ou d'un évènement; par exemple, la guerre de Troie, l'histoire de France, les révolutions d'Irlande.

L'Histoire Naturelle.

Tout ce que produit la Nature, se divise en trois parties. Le règne des animaux, celui des minéraux, et celui des végétaux.

Les hommes, les poissons, les oiseaux, les insectes, et généralement toutes les bêtes sont du règne animal. Les arbres et les petites plantes sont du règne végétal. Tout ce qu'on trouve dans la terre, comme les pierres, les diamans, l'or, l'argent et les autres métaux, compose le règne minéral. Quand on connaît ce que rassemblent ces trois règnes, on sait l'histoire naturelle.

La Jurisprudence.

La Jurisprudence renferme tout ce qui sert à rendre la justice selon les lois. L'étude de cette science est ce qu'on appelle l'étude du droit. Un Juge l'apprend pour

F

punir les criminels , à proportion des crimes qu'ils ont commis, et pour juger les contestations des plaideurs ,

Un Avocat et un Procureur l'apprennent pour aider de leurs conseils, et pour faire valoir les raisons de ceux qui plaident. Un Notaire doit aussi savoir les lois pour faire des actes qui y soient conformes.

Les Jeux.

Presque tous les jeux tiennent leurs premiers principes de l'arithmétique ; et la plupart tirent un grand avantage de la facilité de bien compter. On peut les diviser en quatre espèces.

Jeux d'adresse , comme la paume.

Jeux de cartes , comme le piquet.

Jeux de dez , comme le tric-trac.

Jeux de pure réflexion, comme les échecs.

On distingue aussi les jeux de hasard, dont on ne devrait connaître que le danger.

Les Langues.

Les habitans de différens pays du monde parlent un langage différent. Un Turc , par exemple , n'entend point ce qu'on dit, quand on parle français ou italien, à moins qu'il n'ait étudié ces langues. La science des langues s'apprend en parlant avec ceux qui les savent, ou par le secours des règles. On appelle langues mortes celles qu'on ne parle plus chez aucun peuple , et qui subsistent seulement dans les livres.

La Logique.

Il ne faut pas croire qu'on ne puisse raisonner juste. La Logique qu'on connaît pour la première partie de la Philosophie , empêche le Logicien de s'égarer dans de fausses idées, et le conduit toujours par principes à la justesse d'une décision solide. Les mots *dialectique et logique*, signifient la même chose et sont synonymes.

Le Manège.

Il est très-important , sur-tout à ceux qui sont destinés à la guerre , de bien monter à cheval, de connaître les défauts, les beautés et les maladies des chevaux, de les dompter, de les mener avec art. La façon de faire travailler un cheval, est ce qu'on appelle le manège. Il y a plusieurs sortes de manège ; un bon écuyer les connaît toutes.

La Marine.

On fait la guerre sur mer presque aussi

souvent que sur terre. Plusieurs vaisseaux,
qu'on appelle une flotte, quand ils mar-
chent ensemble, sont chargés de soldats
et d'artillerie pour combattre une flotte
ennemie. Tout ce qui concerne la construction et la façon de conduire ces
vaisseaux, s'appelle la marine ou la
navigation.

Il y a des vaisseaux qui ne servent qu'à
transporter des marchandises ; ce sont
les vaisseaux marchands, les autres sont
les vaisseaux de guerre.

Les Mathématiques.

Les sciences qui dans leurs opérations
obligent à employer des forces, à calculer ou à mesurer, sont toutes réunies
dans une seule science, qu'on appelle
les mathématiques.

L'arithmétique, par exemple, la
sphère, l'architecture, sont trois traités
qui en font partie. Les Mathématiques
renferment jusqu'à cinquante traités
différens ; mais il est presque impossible
qu'un seul Mathématicien les sache tous
également bien.

Les Mécaniques.

L'étude des Mécaniques nous fournit
bien des secours dont on aurait de la

peine à se passer. Le mouvement des poulies, la force des leviers, la justesse des horloges, la construction des voitures, et de toutes les machines qu'on emploie dans les arts, est due aux différentes découvertes des Mécaniciens.

On joint ordinairement aux Mécaniques le traité de la Statique, par lequel on connaît l'usage des poids et contre-poids.

Les Médailles.

Les Médailles sont des espèces de monnaies antiques ou **modernes** qui représentent, d'un côté, **la tête d'un** homme illustre, et de **l'autre**, quelque action d'éclat qui s'est **passée** pendant sa vie.

La date de chaque action est sur les médailles; ainsi, en rappelant les principaux traits de l'histoire, elles servent essentiellement à la justesse de la chronologie. On appelle Antiquaires, ceux qui s'attachent à la connaissance des médailles.

Ils y joignent ordinairement la connaissances des statues antiques, et des pierres gravées.

La Médecine.

Quand par l'usage de l'Anatomie, on

F 5

connaît les fonctions de chaque partie du corps , il faut que la Médecine apprenne à connaître les, remèdes que l'on peut apporter au dérangement de ces parties. Une trop grande chaleur cause-t-elle la fièvre , un Médecin sait ce qu'il faut pour la tempérer , et pour guérir enfin tous les maux auxquels le corps humain est sujet.

La Métaphysique.

La dernière partie de la Philosophie est la Métaphysique, et la plus difficile à apprendre et à approfondir. Un Métaphysicien ne raisonne jamais que sur des sujets purement spirituels ; il travaille sans cesse à prouver des choses dont on ne peut juger par le sens , et dont il est quelquefois permis de douter.

Ainsi, quand on dit qu'un raisonnement est simplement métaphysique , c'est comme si l'on disait qu'on raisonne sans être appuyé sur un fondement solide.

Le Monde.

Aucun livre n'enseigne l'usage du monde : c'est la science qui demande le plus de pratique, et sans laquelle presque toutes les autres sciences sont inutiles. Railler avec discrétion ; entendre raillerie ; ne pas faire parade de ce qu'on sait; être poli , sans affecter de l'être , et feindre de ne pas s'apercevoir du défaut de politesse qu'on pourrait trouver dans les autres : voilà les principales règles qui doivent servir de conduite pour réussir dans le monde.

La Morale.

Le vrai Philosophe est celui qui sait se rendre maître de lui-même. Aussi la morale, ou l'art de conduire ses actions, passe-t-elle pour la partie la plus utile de la philosophie : c'est elle qui donne des bornes aux passions , qui déracine le vice , et cultive la vertu. La morale enfin est la science des mœurs.

La Musique.

La Musique enseigne les règles de l'harmonie : et c'est ce qu'on appelle composition. Elle enseigne aussi à rendre méthodiquement, par le son de la voix, ou par le secours des instrumens , les différens tons qui forment l'harmonie : ainsi on la divise en musique vocale, et en musique instrumentale. La précision dans la mesure est également nécessaire aux deux genres de musique.

. *La Peinture.*

Quand on met des couleurs sur les figures qu'on a tracées , ce qu'on appelle dessin se nomme alors Peinture. On distingue différens genres de peinture. La peinture à l'huile qu'on emploie pour les tableaux ; la détrempe et la fresque, dont on se sert sur les plafonds et sur les murs ; la miniature et l'émail pour les Petits portraits ; et enfin le pastel , qui n'est autre chose que des crayons de toutes sortes de couleurs.

La Physique.

Rien n'embarrasse un Physicien : il sait tout ce qui se passe dans les quatre élémens; il sait ce qui forme le tonnerre; ce qui cause la pluie ; comment la terre produit des fruits ; pourquoi le feu s'augmente à l'air ; pourquoi il s'éteint quand il en manque. Il rend compte des effets de la lumière , de la cause des couleurs : en un mot , toute la nature est approfondie dans la Physique qui est la troisième partie de la philosophie.

Le Poëme Epique.

Le récit que l'on fait en vers des aventures d'un Héros ou d'un événement d'une guerre, est ce qu'on appelle Poëme épique. La différence du Poëme épique au dramatique, c'est que, dans le dramatique, les Héros parlent, et dans l'épique, le Poëte raconte ce qu'ils ont fait ou dit.

Les aventures de Télémaque, par exemple, seraient un Poëme épique, si elles étaient en vers.

Le Poëme dramatique.

Le plus petit ouvrage de poésie, une chanson, par exemple, une fable, est un poëme ; il y en a de plusieurs sortes, on en compte environ quinze différens.

Le Poëme dramatique est un des principaux. On nomme Poëme dramatique une tragédie ou une comédie. Les vers composés pour être mis en musique, tels que ceux des opéras, sont appelés vers lyriques.

La Poésie.

La Poésie est l'art de faire des vers, et l'on appelle Poëtes ceux qui y réussissent. Les vers sont des mots arrangés, dont on compte chaque syllabe. Il y a des vers de différentes longueurs, mais ils finissent toujours par un mot qui rime avec le dernier mot d'un autre vers. Les grands vers, qu'on appelle *alexandrins*, sont composés de douze syllabes.

Voici un exemple de quatre vers :

On me le dit du matin jusqu'au soir ;
Il est bien glorieux, dans l'âge le plus tendre,
D'apprendre et de savoir :
Mais pour savoir, il faut apprendre.

La Politique.

La première science d'un Prince après la Religion, doit être la Politique. Elle lui enseigne avec quelle dignité il faut se ménager l'amitié et les secours des Princes ses voisins, et avec quelle circonspection il faut gouverner ses sujets. Des particuliers font aussi une étude de cette science pour pouvoir juger avec connaissance de ce qui se passe dans toutes les Cours, et mériter le titre d'habiles dans les intérêts des Princes.

La Prose.

On écrit en prose ou en vers. La prose est la façon simple, dont on parle dans la conversation, dans une lettre, dans la plupart des livres ; ce que je dis actuellement est de la prose. La tournure que chacun emploie en particulier pour s'exprimer, s'appelle style. Le meilleur style est celui dont les phrases sont les plus naturelles. Une phrase est une certaine quantité de mots liés ensemble, et qu'on met toujours entre deux points ou deux virgules.

La Religion.

On entend par Religion , la Religion Catholique ; car il y en a de plusieurs sortes ; la science de la vraie Religion apprend à connaître la grandeur de la bonté de Dieu , ce qu'il commande , et ce qu'il défend.

Les Auteurs qui en traitent à fond , s'appellent Théologiens, et cette science s'appelle Théologie.

Les fausses Religions.

On appelle hérétiques, ceux qui ne croient pas dans tous les points , ce qu'ordonne de croire la Religion Catholique : tels sont les Luthériens, les Calvinistes et beaucoup d'autres.

Il y a des Religions absolument différentes de la nôtre. On a vu des peuples adorer le soleil , d'autres ont adoré des animaux. Enfin, toute Religion qui n'est pas exactement Catholique , est une fausse Religion.

F 6

La Rhétorique.

L'Eloquence persuade et touche ceux à qui l'on parle : mais pour être éloquent, outre les règles de la grammaire, il y a encore d'autres règles. Il ne suffit pas de placer sans ordre ce qu'on veut dire : il faut composer son discours avec art. C'est la Rhétorique qui enseigne cet art, et l'on appelle Rhétoriciens ou Rhéteurs, ceux qui en savent faire usage.

La Sphère.

Il faut toujours joindre à la science de la Géographie, celle de la Sphère ; elle enseigne à connaître le monde céleste. On appelle monde céleste, le *Ciel*, où l'on distingue le Soleil, la lune et les étoiles. C'est la Sphère qui représente le cours des astres ; et pour faciliter l'étude de ces sciences, on dessine le ciel et la terre sur deux boules, qu'on nomme globe terrestre et globe céleste.

La Sculpture.

Pour donner au bois, au marbre, et aux métaux des formes différentes, il faut d'après les règles du dessin, savoir mettre en pratique la manœuvre et les finesses de la Sculpture. Une belle statue, un vase bien coupé, un bas-relief sculpté avec art, font autant d'honneur au Sculpteur, qu'un tableau parfait peut en faire à l'habile Peintre.

La Théorie et la Pratique.

Il y a deux façons de s'instruire. La première est établie sur la Théorie ; on appelle ainsi l'assemblage des règles et des principes d'un art ou d'une science. La seconde façon de savoir est totalement différente de la Théorie : c'est la Pratique.

Un Jardinier taille un arbre avec succès par l'habitude qu'il a de tailler, et selon les avantages qu'il a reconnus d'une année à l'autre ; mais ce Jardinier ne pénètre point les raisons qui l'ont fait réussir. L'habitude de travailler ainsi, sans remonter aux principes, s'appelle la Pratique. Pour être parfait dans quelque genre de science que ce soit, il faut réunir la science théorique, et la science pratique.

Droit Naturel, Economique, Politique.

Comme être isolé, l'homme a des devoirs à remplir, qui regardent son existence propre, et le soin qu'il doit prendre de la conserver ; on comprend sous le nom de *Jurisprudence naturelle* , les lois relatives à cet objet.

La qualité de Père de famille impose à tous les hommes des devoirs particuliers à l'égard de leurs enfans. Les lois qui les ont eus en vue , servent encore aujourd'hui à déterminer les successions , le partage des biens et les autres objets qui appartiennent à la *Jurisprudence économique*.

En s'unissant avec sa famille, à des familles plus nombreuses , les rapports de l'homme changeant , ses devoirs se sont accrûs en même proportion. Les lois qui les ont considérés sous cet aspect , ont donné lieu à toutes les institutions de la *Jurisprudence politique*. On les a divisées en autant de branches, qu'il y a de matières sujettes à la législation.

INSTRUCTION

Pour les personnes qui enseignent à lire.

Les premiers élémens de la Grammaire française doivent sur-tout servir de leçons de lecture aux élèves : c'est le moyen de leur en donner une première idée, sans qu'il leur en coûte beaucoup de peine ; la mémoire se charge facilement de ce qu'on a lu plusieurs fois. Ainsi, après avoir fait lire un petit article à un enfant, on peut commencer à lui en demander compte, et à l'aider à l'entendre.

Il faut insensiblement lui faire connaître les neuf parties du discours qui composent toute la Langue française, lui apprendre à décliner les noms, à conjuguer les verbes, et à bien distinguer celles de ces neuf parties qui ne se déclinent ni se conjuguent, telles que sont l'adverbe, la préposition, la conjonction et l'interjection.

GRAMMAIRE
FRANÇAISE.

La Langue Française est composée de neuf sortes de mots ; savoir : le nom, l'article, le pronom, le verbe, le participe, l'adverbe, la préposition, la conjonction et l'interjection.

DU NOM.

Il y a deux sortes de noms ; le nom substantif et le nom adjectif.

Du Nom substantif.

Le nom substantif est un mot qui nomme simplement une chose quelconque.

Les mots *soleil*, *lune*, *étoiles*, sont des noms substantifs.

Du Nom adjectif.

Le nom adjectif est un mot qui marque de quelle manière est la chose nommée par le nom substantif.

Les mots *rond*, *ronde*, *brillant*, *brillantes*, sont des noms adjectifs.

Dans l'usage ordinaire, le nom adjectif se joint presque toujours à un nom substantif. Il marque de quelle manière ou de quelle couleur est la chose nommée par le nom substantif. Exemples : *le soleil est rond, la lune est ronde, les étoiles sont brillantes.*

Ce qu'on dit ici des choses se dit aussi des personnes, et de tous les êtres en général.

Exemples : *Voilà un brave homme, c'est une femme sage, la vertu est aimable.*

Des genres.

La Langue Française n'a que deux genres, le masculin qui désigne le mâle ou tout ce qui est du même genre, comme *l'homme, le soleil, le temps,* etc. et le féminin qui désigne la femelle, ou tout ce qui est du même genre, comme *la femme, la lune, la terre,* etc.

Des nombres.

Il y a deux nombres : le singulier, quand on ne parle que d'une seule chose ou d'une seule personne, comme quand on dit *l'homme, la femme, le ciel, la terre;* et le pluriel quand on parle de plusieurs choses, comme quand on dit; *les hommes, les femmes, les cieux, les terres.*

Des cas.

Il y a six cas : le nominatif, le génitif, le datif, l'accusatif, le vocatif et l'ablatif.

Ces six cas servent à décliner les noms

substantifs par le moyen des articles, *le*,
la, *les*, *de*, *du*, *des*, *à*, *au*, *aux*, dont
on parlera ci-après.

Exemple de déclinaison, tant au singulier qu'au pluriel.

Nom substantif masculin.

SINGULIER.	PLURIEL.
N. le Roi	N. les Rois
G. du Roi	G. des Rois
D. au Roi	D. aux Rois
Ac. le Roi	Ac. les Rois
Voc. au Roi	Voc. ô Rois
Abl. du Roi *ou* par le Roi.	Abl. des Rois *ou* p. les Rois.

Nom substantif féminin.

SINGULIER.	PLURIEL.
N. la Reine	N. les Reines
G. de la Reine	G. des Reines
D. à la Reine	D. aux Reines
Ac. la Reine	Ac. les Reines
Voc. ô Reine	Voc. ô Reines
Abl. de la Reine *ou* par la Reine.	Abl. des Reines *ou* par les Reines.

Des noms adjectifs.

Les noms adjectifs servent à comparer
ensemble les noms substantifs, et à former ce qu'on appelle degrés de comparaison. Exemple : *le soleil est plus éclatant que la lune*, ou *la lune est moins
éclatante que le soleil.*

Des degrés de Comparaison.

Il y a trois degrés de comparaison, c'est-
à-dire, trois manières de comparer en-

semble les noms substantifs ; savoir le positif, comme *grand ;* le comparatif , comme *plus grand ;* le superlatif, comme *très-grand.*

Exemples : *Alexandre était un grand homme. César était plus grand homme que Pompée. Louis XIV était un très-grand Roi.*

Un nom adjectif est au superlatif quand il y a *le* ou *la* devant *plus,* ou un de ces mots, *très, fort, extrêmement, infiniment, parfaitement, souverainement.* Ainsi , *le plus savant, la plus savante, très-savant, très-savante, fort aimable, la plus aimable, extrêmement poli, le plus poli, infiniment bon, extraordinairement bon, parfaitement heureux, le plus heureux, la plus heureuse, souverainement juste, le plus juste,* sont au superlatif.

Il y a des comparatifs et des superlatifs qui s'expriment en un seul mot : ces comparatifs sont , *meilleur, pire, moindre.*

Ex. *meilleur,* signifie *plus bon* (expression qui n'est point d'usage); *pire,* signifie *plus mauvais; moindre,* signifie *plus petit.*

Les superlatifs qui s'expriment en un seul mot, sont *généralissime, sérénissime, révérendissime.*

Noms de nombre absolus.

Il y a des nombres adjectifs qui servent à compter ; se sont , *un* , *deux* , *trois*, *quatre* , *cinq* , *six* , *sept* , etc. ; on les appelle noms de nombres absolus.

Noms, de nombre ordinaux.

Il y en a d'autres qui marquent l'ordre et le rang ; ce sont *le premier, la première, le second, le troisième , le quatrième ,* etc. tant pour le masculin, que pour le féminin , le singulier et le pluriel ; on les appelle noms de nombre ordinaux.

Il y a trois sortes de noms substantifs, savoir : les noms *communs*, les noms *propres* , les noms *collectifs.*

Noms substantifs communs.

Les noms *communs* sont ceux qui désignent les espèces d'un même genre : ainsi les mots *hommes , chevaux , bétes ,* sont des noms substantifs *communs,* parce qu'ils désignent ,

    le premier , tous les hommes ,

    le second , tous les chevaux ,

    le troisième , toutes les bêtes.

Noms substantifs propres.

Les noms *propres* sont ceux qui appartiennent à chaque homme en particulier, comme *Alexandre, César, Louis XIV.*

Noms substantifs collectifs.

Les noms *collectifs* sont ceux qui renferment en un seul mot plusieurs choses, ou plusieurs personnes, comme *la forêt, le Clergé, la Cour, le Parlement, la Noblesse,* etc.

Les noms adjectifs sont de deux genres; ainsi ils ont deux déterminaisons, l'une pour le masculin, l'autre pour le féminin; comme *beau, belle, grand, grande,* au lieu que les noms substantifs n'ont qu'une terminaison, et ne peuvent être que d'un genre, *le ciel, la terre,* etc.

Un nom adjectif devient substantif, quand il est précédé de *le.* Exemple, *le beau,* c'est-à-dire, *ce qui est beau; le vrai,* c'est-à-dire, *ce qui est vrai,* etc.

DE L'ARTICLE.

Les articles sont de petits mots qui se mettent avec les noms substantifs pour en faire connaître le genre, le nombre et le cas. Quand on dit : *le soleil, la lune et les étoiles ; le soleil* est un nom substantif du genre masculin singulier; *la lune* est un nom substantif du genre féminin singulier; *les étoiles,* un nom substantif du nombre pluriel; parce que l'article *le,* désigne le genre masculin singulier ; l'article *la*, désigne le genre féminin singulier ; et l'article *les*, désigne le pluriel, tantôt masculin, tantôt féminin. Il y a neuf articles, savoir :

le, *la*, *les*, *de*, *du*, *des*, *à*, *au*, *aux*.

Il y a des noms substantifs qui ne prennent qu'un article ; d'autres en prennent deux, d'autres trois.

Un nom substantif du genre masculin, ne prend qu'un article, tant au singulier qu'au pluriel. Exemple de déclinaison.

SINGULIER.	PLURIEL.
N. le ciel	N. les cieux
G. du ciel	G. des cieux
D. au ciel	D. aux cieux
Ac. le ciel	Ac. les cieux
Voc. ô ciel	Voc. ô cieux
Abl. du ciel *ou* par le ciel.	Abl. des cieux *ou* par les cieux.

Un nom substantif du genre féminin a trois cas où il prend deux articles, mais ce n'est qu'au singulier. Exemple :

SINGULIER.	PLURIEL.
N. la terre	N. les terres
G. de la terre	G. des terres
D. à la terre	D. aux terres
Ac. la terre	Ac. les terres
Voc. ô terre	Voc. ô terres
Abl. de la terre *ou* par la terre.	Abl. des terres *ou* par les terres.

Exception.

Il y a des façons de parler, où le nom

substantif masculin prend deux articles, et le féminin trois. Exemples :

N.	du pain		N.	de la viande
G,	de pain		G.	de viande
D.	à du pain		D.	à de la viande.

L'article de l'accusatif est semblable à celui du nominatif ; le génitif semblable à l'ablatif ; l'article du vocatif n'est qu'une exclamation.

Il y a quatre sortes d'articles ; savoir : l'article *défini*, l'article *partitif*, l'article *indéfini*, et l'article *un, une*.

Les articles *définis*, sont *le, la, les ;* on les appelle *définis*, parce qu'ils définissent et déterminent le genre et le nombre des noms substantifs, et en désignent toute l'espèce. Par exemple, quand on dit, *j'aime le pain, la viande, les fruits ;* cela signifie *j'aime tout ce qui est pain, viande, fruits*, etc.

L'article partitif, au contraire, n'exprime qu'une partie de la chose dont on parle : ces articles sont *du, dela, des ;* et quand on dit, *du pain, de la viande, des fruits* me feraient·plaisir ; cela signifie, *un morceau de pain, de viande, ou quelques fruits me feraient plaisir.*

On voit par ces exemples que le nominatif de l'article *partitif,* n'est autre chose que le génitif de l'article *défini.* Exemple de déclinaison.

Singulier.

N.	du pain	du vin	· de l'eau	de la viande
G.	de pain	de vin	d'eau	de viande
D.	à du pain	à du vin	à de l'eau	à de la viande
Ac.	*comme le Nominatif.*			
Abl.	*comme le Génitif.*			

Pluriel.

N.	des pains	des vins	des eaux	des viandes
G.	de pains	de vins	d'eaux	de viandes
D.	à des pains	à des vins	à des eaux	à des viandes

'Il n'y a que deux articles indéfinis : ce sont *de* et *à.* On les appelle indéfinis, parce qu'ils ne définissent ni le genre, ni le nombre des noms ; ils se mettent indifféremment avant les noms masculins ou féminins, avant les noms propres d'hommes, de villes, de provinces, avant le nom de Dieu et des Saints, et avant les pronoms.

Exemples pour les noms substantifs :

N.	Dieu	Louis	Marie	César	Paris
G.	de Dieu	de Louis	de Marie	de César	de Paris
D.	à Dieu	à Louis	à Marie	à César	à Paris

Exemples pour les pronoms :

N.	moi	vous	lui	elle	eux	nous
G.	de moi	de vous	de lui	d'elle	d'eux	de nous
D.	à moi	à vous	à lui	à elle	à eux	à nous

Un, *une*, sont articles lorsqu'on peut mettre à leur place *le* ou *la*.

Exemp. Un *honnête homme doit aimer son Prince*, *l'Etat et la Religion.*

Un

Un est un article dans cet exemple, parce qu'on peut dire : *l'honnête homme doit,* etc.

Une *femme doit tout sacrifier à son honneur et à sa vertu.*

Une est un article , parce qu'on peut dire : *la femme qui est sage , doit,* etc.

Un , une , sont adjectifs dans les exemples suivans :

J'ai rencontré un *ami ce matin ;*
Une *affaire importante me retient ici.*

parce qu'on ne peut pas mettre les articles *le ,* ou *la* à la place de *un , une ,* et dire : *j'ai rencontré l'ami ce matin : l'affaire* ïmportante *me retient ici.*

DU PRONOM.

Un pronom est un mot qui tient ordinairement la place d'un nom substantif.

Il y en a de sept sortes ; savoir : le pronom personnel, le pronom conjonctif, le pronom possessif, le pronom démonstratif, le pronom relatif, le pronom absolu , et le pronom indéfini.

Des Pronoms personnels.

Les pronoms personnels sont de petits mots qui représentent les personnes. Tels sont *je, moi, tu, toi, il, lui, elle ; nous, nous-même, vous, vous-même ; ils, eux, elles , eux-mêmes , elles-mêmes.*

G

SING. *Je* ou *moi* représentent la première personne : c'est celle qui parle.

EXEMPLE. Je vous aime, aimez-moi.

Tu ou *toi* représentent la seconde personne ; c'est celle à qui on parle.

EXEMPLE. Tu t'affliges, console-toi.

Il, lui ou *elle* représentent la troisième personne, c'est celle de qui on parle.

EXEMPLE. Parlez-lui, il ou elle répondra.

PLUR. *Nous* ou *nous-mêmes* représentent la première personne au pluriel.

EXEMPLE. Nous devons faire notre bonheur nous-mêmes.

Vous ou *vous-mêmes* représentent la seconde personne au pluriel.

EXEMPLE. Il faut que vous veniez vous-mêmes.

Ils, eux ou *elles, eux-mêmes, elles-mêmes* représentent la troisième personne au pluriel.

EXEMPLES. Ils ou elles vous diront ce que j'ai fait.
Eux-mêmes ou elles-mêmes assurent cette vérité.

Ces pronoms se déclinent avec les deux articles indéfinis *de* et *à*.

Les mots *soi* et *on*, représentent aussi des personnes, et sont mis au rang des pronoms personnels.

EXEMPLES. Chacun doit penser à soi.
On plaît toujours quand on aime.

Pronoms conjonctifs.

Les pronoms conjonctifs représentent

tantôt les choses, tantôt les personnes ;
ils se trouvent toujours entre un pronom
personnel et un verbe. Exemple : *je vous*
le *rendrai*, ou *je vous* la *rendrai ;* le et *la*
sont pronoms conjonctifs, et peuvent se
rapporter à des choses ou à des personnes.

La plupart des pronoms personnels
peuvent devenir conjonctifs, à l'exception des pronoms *je*, *tu*, *il*, parce que
ces trois pronoms sont toujours au commencement de la phrase.

EXEMPLES.

Je vous *aime beaucoup.*	Vous est le pronom conjonctif.
Je lui *parle souvent*	Lui est le pronom conjonctif.
Il te *connaît à fond.*	Te est le pronom conjonctif.
Vous me *consolez un peu.*	Me est le pronom conjonctif.
Tu leur *diras de ma part.*	Leur est le pronom conjonctif.
Vous y *viendrez aussi.*	Y est le pronom conjonctif.
Nous nous *aimons beaucoup.*	Nous est le pronom conjonctif.
Nous le *savons.*	Le est le pronom conjonctif.
Ils les *ont reçus.*	Les est le pronom conjonctif.
On vous *l'a dit.*	L' est le pronom conjonctif.
Nous en *avons encore.*	En est le pronom conjonctif.

On voit par ces différens exemples
que le pronom personnel est toujours le
nominatif du verbe, le pronom conjonctif est toujours le régime du verbe.

Pronoms possessifs.

Les pronoms possessifs sont de petits
mots qui désignent la personne qui pos-

sède la chose dont on parle ; par exemple , quand on dit ,

Mon *habit*,	c'est comme si l'on disait,	*l'habit de moi.*
Votre montre,		*la montre de vous.*
Son *épée*,		*l'épée de lui*, etc.

Ainsi les trois pronoms *mon, votre, son,* désignent les trois personnes *moi, vous, lui.*

Mon *chapeau*,	ma *montre*,	mes *gants.*
Ton *chapeau*,	ta *maison*,	tes *gens.*
Son *argent*,	sa *bourse*,	ses *parents.*
Notre *Roi*,	votre *bien*,	leur *état.*

Les pronoms *mon , ma , mes , ton , ta , tes , son , sa , ses , notre , votre , leur,* s'appellent pronoms possessifs absolus, parce qu'ils sont joints à un nom substantif. Il y a d'autres pronoms qui se rapportent à un nom substantif sans y être joints ; on les appelle pronoms possessifs relatifs. Ces pronoms sont *le mien, le tien, le sien, la mienne , la tienne, la sienne, le nôtre, le vôtre , le leur, la nôtre , la vôtre , la leur.*

EXEMPLES.

Rendez-moi le mien ,	*garde* le tien ,	*chacun* le sien.
Rendez-moi la mienne ,	*garde* la tienne,	*chacun* la sienne,
Rendez-nous le nôtre,	*gardez* le vôtre,	*chacun* le leur.
Rendez-nous la nôtre ,	*gardez* la vôtre ,	*chacun* la leur.

Il n'y a dans ces différens exemples aucun nom substantif exprimé ; mais on sent bien qu'il est sous-entendu , et que tous ces pronoms possessifs se rapportent à quelque chose.

Pronoms démonstratifs.

Les pronoms démonstratifs sont de petits mots qui servent à montrer la chose dont on parle, comme quand on dit :

Ce *palais*,	cet *officier*,	cette *compagnie*.
Ce *cheval*,	cet *homme*,	cette *femme*.

Ce, cet, cette, ces, ceci, cela, celui-ci, celui-là, celle-ci, celle-là, ceux-ci, ceux-là, sont des pronoms démonstratifs.

EXEMPLES.

Ce *livre*,	ce *héros*,	ce *tableau*.
Cet *oiseau*,	cet *honneur*,	cet *ameublement*.
Cette *table*,	cette *armoire*,	cette *fenêtre*.
Ces *enfants*,	ces *animaux*,	ces *arbres*.

Ceci *peut convenir* ;	*mais* cela *ne convient pas.*
Celui-ci *a plu* ;	celui-là *ne plaît pas.*
Celle-ci *est aimable* ;	celle-là *ne l'est pas.*
Ceux-ci *écoutent* ;	ceux-là *n'écoutent pas.*

Pronoms relatifs.

Les pronoms relatifs sont de petits mots qui se rapportent à un nom substantif, et quelquefois à un pronom, ce sont *qui, que, quoi, dont, lequel, laquelle, lesquels, lesquelles.*

EXEMPLES.

Je connais la personne qui *vous à écrit.*
J'ai vu la lettre que *vous avez reçue.*
On sait présentement à quoi *s'en tenir.*
Voici le jeune homme dont *je vous ai parlé.*
C'est un ami pour lequel *je m'intéresse.*
L'affaire sur laquelle *on m'a consulté, est finie.*
On connaît ceux pour lesquels *vous vous intéressez.*
On connaît celles pour lesquelles *vous sollicitez.*

G 3

Exemples de quelques relatifs qui se rapportent à des pronoms.

Pour moi *qui vous connais, je vous estime.*
Celle que *vous venez de voir est aimable.*

Pronoms absolus.

Les pronoms absolus sont presque les mêmes que les pronoms relatifs : on ne les appelle absolus, que quand ils ne sont précédés d'aucun nom substantif. Ce sont *qui, que, quoi, quel, quelle, lequel, laquelle.*

EXEMPLES.

Qui *connaissez-vous* ici? c'est-à-dire, quelle personne, etc.
Que *demandez-vous?* quelle chose demandez-vous?
A quoi *ou* de quoi *vous occupez-vous?*
Quel *homme protégez-vous?*
Quelle *affaire avez-vous?*
Lequel *aimez-vous?*
Laquelle *prenez-vous?*

On voit que le pronom absolu forme toujours une interrogation, quand il n'est pas précédé d'un verbe.

Quand il est précédé d'un verbe, il ne forme plus d'interrogation.

EXEMPLE. J'ignore quelle *affaire vous amène à Paris.*

Pronoms indéfinis.

Les pronoms indéfinis sont des mots qui ne se rapportent directement à aucun nom substantif exprimé, ni sous-entendu comme les autres pronoms. Les pronoms indéfinis sont *quiconque, quelqu'un, chacun, autrui, personne, aucun, nul, nul autre, pas un, pas une, tel, telle, la plupart, tout le monde, qui que ce soit, quelque chose que, quoi que, tout.... que, tout homme, l'un l'autre, les uns les autres.*

EXEMPLES :

Quiconque aime la vertu est heureux.
Quelqu'un vous dira peut-être autrement.
Chacun doit penser à soi.
Il ne faut pas faire du mal à autrui.
Personne ne m'a-t-il demandé aujourd'hui.
De plusieurs amis que j'avais, il ne m'en reste aucun.
Nul autre que vous n'eût attendu si tard.
Pas un, pas une ne m'a satisfait.
Tel ou telle devrait être plus circonspect, ou circonspecte.
La plupart conviennent du fait.
Tout le monde vous connaît pour tel.
Qui que ce soit qui me demande, je n'y suis pas.
Quelque chose que vous fassiez, je vous pardonne.
Quoi que vous en disiez, cela ne laisse pas d'être.
Tout innocent que vous êtes, on vous accuse.
Tout honnête homme doit aimer son honneur.
Il faut s'aider l'un l'autre, ou les uns les autres.

DU VERBE.

En général un verbe est un mot qui exprime toutes les actions, soit du corps, comme *marcher, se promener, etc.* soit du cœur, comme *aimer, haïr, etc.* soit de l'esprit, comme *méditer, réfléchir, etc.*

G 4

Sans le verbe , toutes les autres parties du discours seraient inutiles dans une langue , et ne pourraient faire aucun sens ; c'est pour cela qu'on l'appelle le mot par excellence.

On connaît qu'un mot est un verbe , lorsqu'on peut y joindre un des pronoms personnels , *je* , *te* , *il* ; ainsi les mots *aimer* , *finir* , *recevoir* , *rendre* , sont des verbes , parce qu'on peut dire :

Je finis,	*tu finis,*	*il finit.*	*J'écris,*	*tu écris,*	*il écrit.*
J'aime,	*tu aimes,*	*il aime.*	*Je parle ,*	*tu parles,*	*il parle.*
Je reçois,	*tu reçois,*	*il reçoit.*	*Je cours,*	*tu cours ,*	*il court.*
Je rends,	*tu rends,*	*il rend.*	*Je viens,*	*tu viens,*	*il vient.*

Il y a quatre conjugaisons des verbes.

La première comprend les verbes dont l'infinitif est terminé en *er* ; ainsi *aimer*, *badiner, jouer, se promener, etc.* sont des verbes de la première conjugaison.

La seconde comprend les verbes dont l'infinitif est terminé en *ir* ; ainsi *finir* , *mourir* , *partir* , *se réjouir* , *etc.* sont des verbes de la seconde conjugaison.

La troisième comprend les verbes dont l'infinitif est terminé en *oir* ; ainsi *recevoir*, *pouvoir, apperceyoir, concevoir, etc.* sont des verbes de la troisième conjugaison.

La quatrième comprend les verbes dont l'infinitif est terminé en *re* ; ainsi *rendre, prendre, rire, écrire, se plaindre,* etc. sont des verbes de la quatrième conjugaison.

Pour conjuguer un verbe, il faut savoir ce que c'est que *tems* et *modes.*

Il y a trois *tems,* qu'on appelle *tems naturels ;* savoir, *le présent, le passé* et *le futur.*

Le *présent* est le *tems* où se fait quelque chose ; comme *j'aime, je finis, je reçois, je rends.*

Le *passé* est le *tems* où s'est fait quelque chose ; comme *j'ai aimé, j'ai fini, j'ai reçu, j'ai rendu.*

Le *futur* est le *tems* où se fera quelque chose ; comme *j'aimerai, je finirai, je recevrai, je rendrai.*

Chacun de ces trois tems en renferme plusieurs autres, comme on verra dans les quatre conjugaisons des verbes.

Il y a deux verbes qu'il faut savoir bien conjuguer avant que de passer à la conjugaison des autres ; ces deux verbes sont le verbe *avoir* et le verbe *être,* qu'on appelle verbes *auxiliaires,* parce qu'ils viennent, pour ainsi dire, au secours des autres verbes, et qu'ils servent à en former le tems composés.

Les tems simples d'un verbe sont

G 5

ceux qui ne consistent que dans un seul mot ; comme ,

J'aime,	j'aimerai ;	je finis,	je finirai.
Je reçois,	je recevrai ;	je rends,	je rendrai.

Les tems composés d'un verbe sont ceux qui sont composés de deux ou de plusieurs mots ; comme *j'ai aimé*, *j'ai été aimé*, *j'ai reçu*, *j'ai été reçu.*

Il y a quatre modes dans un verbe ; savoir, *l'indicatif*, *l'impératif*, *le subjonctif et l'infinitif.*

INDICATIF.

Un verbe est au mode indicatif, quand il ne dépend d'aucun autre mot ; comme quand on dit *j'aime* ou *j'aimerai l'étude.*

Ce mode a onze tems :

Voici la manière de le conjuguer, ainsi que tous les autres ; tant au *masculin* qu'au *féminin*, au *singulier* qu'au *pluriel.*

PRÉSENT.

Singulier.

J'ai	Je suis,	J'aime,	Je finis,	Je reçois,	Je rends,
tu as,	tu es,	tu aimes,	tu finis,	tu reçois,	tu rends,
il a,	il est,	il aime,	il finit,	il reçoit,	il rend,
ou	ou	ou	ou	ou	ou
elle a,	elle est,	elle aime,	elle finit,	elle reçoit,	elle rend.

Pluriel.

Nous avons,	nous sommes,	nous aimons,
vous avez,	vous êtes,	vous aimez,
Ils *ou* elles ont,	ils *ou* elles sont,	ils *ou* elles aiment.
nous finissons,	nous recevons,	nous rendons,
vous finissez,	vous recevez,	vous rendez,
ils *ou* elles finissent,	ils *ou* elles reçoivent,	ils *ou* elles rendent.

IMPARFAIT.

J'avais, j'étais, j'aimais, je finissais, je recevais, je rendais.

PRÉTÉRIT.

J'eus, je fus, j'aimai, je finis, je reçus, je rendis.

PRÉTÉRIT INDÉFINI.

J'ai eu, j'ai été, j'ai aimé, j'ai fini, j'ai reçu, j'ai rendu

PRÉTÉRIT ANTÉRIEUR.

J'eus, j'eus été, j'eus aimé, j'eus fini, j'eus reçu, j'eus rendu.

PRÉTÉRIT ANTÉRIEUR INDÉFINI.

Les deux verbes auxiliaires n'en ont point.

J'ai eu aimé, j'ai eu fini, j'ai eu reçu, j'ai eu rendu.

PLUSQUE-PARFAIT.

J'avais eu,	j'avais été,	j'avais aimé,
J'avais fini,	j'avais reçu,	j'avais rendu.

FUTUR.

J'aurai, je serai, j'aimerai, je finirai, je recevrai, je rendrai.

FUTUR PASSÉ.

J'aurai eu,	j'aurai été,	j'aurai aimé,
J'aurai fini,	j'aurai reçu,	j'aurai rendu.

CONDITIONNEL PRÉSENT.

J'aurais, je serais, j'aimerais, je finirais, je recevrais, je rendrais.

CONDITIONNEL PASSÉ.

J'aurais eu,	j'aurais été,	j'aurais aimé,
ou	ou	ou
j'eusse eu,	j'eusse été,	j'eusse aimé,
j'aurais fini,	j'aurais reçu,	j'aurais rendu,
ou	ou	ou
j'eusse fini,	j'eusse reçu,	j'eusse rendu.

IMPÉRATIF.

Un verbe est au mode impératif, quand on commande à quelqu'un, ou quand on exhorte quelqu'un à faire quel-

G 5

que chose ; comme lorsqu'on dit : *aimez Dieu et la vérité.*

Un verbe n'a point de première personne à l'impératif, parce qu'on ne se commande point à soi-même.

Ce mode n'a que deux temps, le *présent* et le *futur*, parce qu'on commande, soit pour qu'une chose se fasse présentement, ou dans la suite.

PRÉSENT ET FUTUR.

Singulier.

Aie,	sois,	aime,
qu'il ait,	qu'il soit,	qu'il aime,
ou	ou	ou
qu'elle ait,	qu'elle soit,	qu'elle aime,
finis,	reçois,	rends,
qu'il finisse,	qu'il reçoive,	qu'il rende,
ou	on	ou
qu'elle finisse.	qu'elle recoive,	qu'elle rende.

Pluriel.

Ayons,	soyons,	aimons,
ayez,	soyez,	aimez,
qu'ils aient,	qu'ils soient,	qu'ils aiment,
ou	ou	ou
qu'elles aient,	qu'elles soient,	qu'elles aiment,
finissons,	recevons,	rendons,
finissez,	recevez,	rendez,
qu'ils finissent,	qu'ils reçoivent,	qu'ils rendent,
ou	ou	ou
qu'elles finissent,	qu'elles reçoivent,	qu'elles rendent.

SUBJONCTIF.

Un verbe est au mode - subjonctif, quand il y a avant lui un autre verbe au-

quel il est joint par la conjonction *que*,
comme lorsqu'on dit : *Il faut que je parte.*
Je suis charmé que vous soyez ici. Je se-
rais fâché qu'il sortît, ou *qu'elle sortît.*

Ce mode n'a que quatre tems : voici
la manière de le conjuguer

PRÉSENT *et* FUTUR, *semblables.*

Que j'aie,	que je sois,	que j'aime,
que je finisse,	que je reçoive,	que je rende.

IMPARFAIT.

Que j'eusse,	que je fusse,	que j'aimasse,
que je finisse,	que je reçusse,	que je rendisse.

PRÉTÉRIT.

Que j'aie eu,	que j'aie été,	que j'aie aimé,
que j'aie fini,	que j'aie reçu,	que j'aie rendu.

PLUSQUE-PARFAIT.

Que j'eusse eu,	que j'eusse été,	que j'eusse aimé.
que j'eusse fini,	que j'eusse reçu,	que j'eusse rendu.

INFINITIF.

Un verbe est au mode infinitif, quand
il est terminé en *er*, ou en *ir*, ou en *oir*,
ou en *re;* ainsi *avoir, être, aimer, finir,*
recevoir, rendre, sont des verbes au mode infinitif. Ce mode a sept *tems.*

PRÉSENT.

Avoir, être, aimer, finir, recevoir, rendre.

PRÉTÉRIT.

Avoir eu, avoir été, avoir aimé, avoir fini, avoir reçu, avoir rendu.

PARTICIPE ACTIF PRÉSENT.

Ayant, étant, aimant, finissant, recevant, rendant.

PARTICIPE ACTIF PASSÉ.

Ayant eu, ayant été, ayant aimé, ayant fini, ayant reçu, ayant rendu.

PARTICIPE PASSIF PRÉSENT.

Eu , été,   aimé,   fini,   reçu ,   rendu,
     ou   *ou*   *ou*   *ou*
étant aimé,   étant fini,   étant reçu,   étant rendu.

PARTICIPE PASSIF PASSÉ.

Les auxiliaires n'en ont point.

Ayant été aimé, ayant été fini, ayant été reçu, ayant été rendu.

GÉRONDIF.

Ayant, étant, *en* aimant , *en* finissant, *en* recevant , *en* rendant.
     ou   *ou*   *ou*   *ou*
Aimant,   finissant,   recevant,   rendant.

DIVISION DES VERBES.

Il n'y a proprement que deux sortes de verbes ; le verbe substantif, le verbe adjectif.

Le verbe substantif marque *l'existence,* et le verbe adjectif marque la manière d'*exister :* ainsi *être* est le seul verbe substantif, et tous les autres sont des verbes adjectifs. *Aimer* signifie *être aimant ;* étudier , *être étudiant ,* etc.

Il y a cinq sortes de verbes adjectifs ; savoir , le *verbe actif*, le *verbe neutre ,* le *verbe passif,* les *verbes réfléchis* et ré*ciproques* , et le *verbe impersonnel.*

Du Verbe actif.

Le verbe actif est celui qui a un régime, c'est-à-dire ; après lequel on peut toujours

mettre un de ces deux mots *quelqu'un*
ou *quelque chose :* ainsi , *aimer* , *finir*,
recevoir, rendre , sont des verbes actifs,
parce qu'on peut dire :

aimer quelqu'un ,	finir quelque chose.
recevoir quelqu'un ,	rendre quelque chose.

Du Verbe neutre.

Le verbe neutre est un verbe qui n'a
point de régime, et après lequel ou ne
peut jamais mettre un de ces deux mots
quelqu'un ou *quelque chose :* ainsi , *mar-*
cher , *tomber* , sont des verbes neutres,
parce qu'on ne peut pas dire : *marcher*
quelqu'un , *tomber quelque chose.*

Il y a des verbes neutres qui se conjuguent avec les tems simples du verbe auxiliaire *avoir*, comme *dormir*, *dîner*, *souper.*

EXEMPLES.

J'ai dormi,   j'ai dîné,   j'ai soupé.

et ainsi de plusieurs autres.

Il y a d'autres verbes qui se conjuguent
avec les tems simples du verbe auxiliaire
être, comme *venir*, *arriver*, *tomber.*

EXEMPLES.

Je suis venu,   je suis arrivé,   je suis tombé.

et ainsi de plusieurs autres.

Nota. Pour accoutumer les enfants à
cette différence essentielle , il faut leur
faire conjuguer plusieurs verbes.

Du Verbe passif.

Le verbe passif est un verbe après lequel on peut mettre un de ces mots *par quelqu'un* ou *par quelque chose*. Ce verbe est ordinairement composé du verbe auxiliaire *être*, joint à un participe passif d'un verbe actif ; ainsi *être aimé*, *être affligé*, sont des verbes passifs, parce qu'on peut dire : *être aimé par quelqu'un, être affligé par quelque chose*.

Le verbe passif suit la conjugaison du verbe auxiliaire *être* dont il est formé ; ce qui n'arrive que lorsqu'il se trouve joint au participe passif *d'un verbe actif*.

Du Verbe réfléchi.

Un verbe est réfléchi, lorsqu'on peut y ajouter *soi-même* après l'infinitif ; ainsi, *se chagriner, s'amuser, se consoler*, sont des verbes réfléchis.

Les verbes réfléchis se conjuguent avec les pronoms conjonctifs, *me, te, nous, vous, se* : il est aisé d'en donner des exemples.

Du Verbe réciproque.

Un verbe est réciproque, lorsqu'on peut y ajouter le mot *ensemble*, ou le mot *réciproquement* après l'infinitif ; ainsi *se battre, se carresser, etc.* sont des verbes réciproques.

Ces verbes se conjuguent comme le verbe réfléchi, avec les pronoms conjonctifs, *me, te, nous, vous, se.*

Du Verbe impersonnel.

Le verbe impersonnel est un verbe qui n'a que la troisième personne du singulier dans tous ses tems ; comme, *il pleut, il grêle, il tonne, il y a, il faut, il importe,* etc.

On voit que ces verbes ne peuvent avoir ni *première* ni *seconde personne.*

RÉGIME DU VERBE.

On appelle régime du verbe, le nom ou le pronom qui se trouve après le verbe.

Il y a deux sortes de régimes, le régime direct, et le régime relatif.

Exemple. *Aimer l'étude, revenir de la campagne.*

Le régime direct est le nom ou le pronom qui se trouve immédiatement après le verbe. Dans *aimer l'étude, l'étude* est le régime direct du verbe *aimer,* parce qu'il n'en est point séparé.

Le régime relatif est le nom ou le pronom qui est séparé du verbe par *de* ou *à ;* ainsi, dans *revenir de la campagne* ou *aller à la campagne ; la campagne* est le régime relatif du verbe *aller* ou *revenir,* parce qu'il est séparé du verbe par *de* et *à.*

DU PARTICIPE.

Le participe est un mot formé d'un verbe : *aimant, finissant, recevant, fuyant, rendant; aimé, fini, reçu, fui, rendu,* sont des participes formés des verbes *aimer, finir, recevoir, fuir, rendre.*

Il y a deux sortes de participes : le participe actif et le participe passif.

Le participe actif est celui qui exprime une action qui se fait ; il est toujours terminé en *ant;* ainsi quand on dit, *aimant l'étude, finissant un ouvrage, recevant une lettre, rendant service,* etc. *aimant, finissant, recevant, rendant,* sont des participes actifs.

Le participe passif est celui qui exprime une action qui est faite. Ce participe n'est jamais terminé en *ant :* ainsi quand on dit, *un homme aimé, un ouvrage fini, un présent reçu, un service rendu; aimé, fini, reçu, rendu,* sont des participes passifs.

Le participe actif ne se décline point, et l'on dit également, *un jeune homme aimant l'étude; une demoiselle aimant l'étude; des enfants lisant; des femmes lisant.*

Le participe passif ne se décline point non plus, lorsqu'il est suivi d'un nom substantif, comme dans ces exemples : *j'ai fini mes affaires , nous avons reçu vos lettres.* Mais il se décline lorsque le nom substantif est avant le participe , et alors il faut les faire accorder ensemble en genre et en nombre , et dire : *mes affaires sont finies; vos lettres ont été reçues ; les ouvrages que j'avais commencés sont finis , etc.*

On voit par-là que le participe passif est déclinable comme les noms adjectifs.

EXEMPLES.

Je me suis réjoui, ou elles se sont réjouies de votre bonheur.
Les femmes ne sont pas soumises aux mêmes peines dont les hommes sont punis.

Le participe passif est indéclinable, lorsqu'il est suivi du nominatif de la phrase , comme dans ce qui suit.

EXEMPLES.

J'ai reçu toutes les lettres que m'ont écrit mes amis.
Avez-vous lu la lettre que vous a écrit votre père ?

Si le nominatif était avant le participe , il deviendrait déclinable : il faudrait dire : *j'ai reçu les lettres que mes amis m'ont écrites. Avez-vous vu la lettre que votre père vous a écrite ?*

DU GÉRONDIF.

Le gérondif est un mot qui se termine en *ant*, comme le participe actif ; et toute la différence qu'il y a entre ces deux mots, e'est qu'on peut toujours mettre *en* avant le gérondif, ce qu'on ne peut pas faire avant le participe.

EXEMPLE.

Etudiant comme vous faites, vous deviendrez savant.

Etudiant, est un gérondif, parce qu'on peut dire, *en étudiant comme vous faites, etc.*

Il faut cependant excepter de cette règle les gérondifs *ayant* et *étant*, avant lesquels on ne peut jamais mettre *en*.

DE L'ADVERBE.

L'adverbe est un mot indéclinable qui se met auprès du verbe pour marquer la manière dont se fait l'action exprimée par le verbe, comme quand on dit : *je vous aime tendrement ; servez-moi fidèlement; vivons chrétiennement. Tendrement, fidèlement, chrétiennement*, sont des adverbes ; il y en a une infinité d'autres.

Il y a deux sortes d'adverbes ; les adverbes simples, et les adverbes composés.

Les adverbes simples sont ceux qui s'expriment en un seul mot ; comme *tendrement, fidèlement, chrétiennement.*

Les adverbes composés sont ceux qui sont composés de plusieurs mots, tels que sont *sans façon , tour-à-tour,* etc. *Agir sans façon , chanter tour-à-tour ,* etc.

Manière de connaître les Adverbes.

Un mot est un adverbe, quand il peut répondre à un de ces quatre mots : *quand? où ? combien ? comment ?*

Ex. *Nous irons* bientôt *vous voir, et nous irons* en voiture.

Dans cet exemple, *bientôt* est adverbe, parce qu'on peut dire : *quand irons-nous? bientôt. En voiture* est encore adverbe , parce qu'on peut dire , *comment irons-nous ? en voiture.*

Autre Ex. *Les uns se placeront* devant, *les autres* derrière.

Devant et derrière sont des adverbes , parce qu'on peut dire , *où nous placerons-nous ? devant , derrière.*

Autre Ex. *Nous serons* bonne compagnie, *et nous dépenserons* fort peu de chose.

Bonne compagnie est adverbe , parce qu'on peut dire : *combien serons-nous? bonne compagnie. Fort peu de chose* est encore adverbe, parce qu'on peut dire : *combien dépenserons-nous? fort peu de chose.*

DE LA PRÉPOSITION.

La préposition est un mot indéclinable qui a toujours un nom substantif ou un pronom pour régime.

Il y a deux sortes de prépositions ; les prépositions simples, et les prépositions composées.

Les prépositions simples sont celles qui s'expriment en un seul mot ; comme *après, avec, dans.*

Ex. Après *l'office*, *dînez* avec *moi*. *Entrons* dans *la maison*.

Les prépositions composées sont celles qui sont composées de plusieurs mots, comme *en présence de, par rapport à, vis-à-vis de, etc.*

Exemples. En présence de *tout le monde*. Par rapport à *vous*. Vis-à-vis de *ma fenêtre*.

Le mot *près* est une préposition, il est indéclinable, lorsqu'il est terminé par une *s*, il signifie *sur le point de.*

Exemple. *Votre ami est* près *d'arriver.*

c'est-à-dire, *sur le point d'arriver.*

Le mot *prêt* est adjectif et indéclinable, lorsqu'il est terminé par un *t ;* il signifie *disposé à.*

Exemple. *Etes-vous* prêt *à partir*, ou prête *à partir ?*

c'est-à-dire, *étes-vous disposé à partir*, ou *disposée à partir ?*

On voit par-là que *prêt de mourir*, signifie, *sur le point de mourir ;* et *prêt à mourir*, signifie *disposé à mourir.*

Avant est préposition, quand il a un régime, comme dans *avant la fin du jour.*

Avant est adverbe , quand il n'a point de régime , comme dans *s'enfoncer trop avant.*

Devant est préposition dans *marchez devant moi*, parce qu'il y a le pronom *moi* pour régime ; mais il est adverbe dans *je marcherai derrière et vous devant* , parce qu'ici il n'a point de régime.

DE LA CONJONCTION.

Une conjonction est un mot indéclinable, qui sert à lier ensemble les parties d'une phrase , tels sont, *si, aussi, quand, encore, par conséquent, quand bien même,* et une infinité d'autres.

EXEMPLES.

Si vous allez à la campagne, j'irai aussi.
Je n'étais pas encore au logis quand vous y arrivâtes.

Si on ôte de ces deux phrases les conjonctions *si, aussi, quand, encore,* il n'y aura plus aucun sens. Ainsi les conjonctions servent à lier les mots , et établissent le sens des phrases.

Les conjonctions sont simples ou composées ; les simples sont *si, aussi, quand, encore,* etc. Les composées sont *par conséquent, quand bien même, c'est pour cela que, ni plus ni moins que ,* et plusieurs autres.

EXEMPLES.

Vous dites que vous voulez être savant : par conséquent *vous devez étudier.*

Il faut dire la vérité , quand bien même *elle ne vous serait pas avantageuse.*

Vous avez fait une belle action, et c'est pour cela *qu'on vous estime.*

Je vous aime ni plus ni moins que *si vous étiez mon frère.*

Que est conjonction, lorsqu'il est au commencement ou au milieu d'une phrase , et qu'il ne peut pas se tourner par *lequel* ou *laquelle , lesquels* ou *lesquelles ,* etc.

Ex. Que *chacun prenne garde à soi,* ou *il faut* que *chacun prenne garde à soi,* etc.

Que dans ces exemples ne se rapporte à aucun nom substantif , et ne peut se tourner par *laquelle , lesquels* ou *lesquelles ,* etc.

Il y a quelques prépositions qui deviennent conjonctions , lorsqu'elles se trouvent avant un verbe à l'infinitif.

EXEMPLES.

Loin *de blâmer votre conduite , je la loue.*

Il faut être honnête homme, jusqu'à *tout sacrifier à la probité.*

*On ne doit se reposer qu'*après *avoir travaillé.*

Il faut mériter pour obtenir.

On ne doit blâmer personne sans l'entendre.

On voit par ces différens exemples, que les mots *loin de , jusqu'à , après , pour, sans*

sans, qui sont ordinairement prépositions, avant un nom substantif ou pronom, deviennent ici des conjonctions, parce qu'ils sont avant des verbes à l'infinitif.

DE L'INTERJECTION.

Une interjection est un mot indéclinable dont on se sert pour exprimer les différens mouvemens de l'ame.

EXEMPLES.

Pour exprimer la joie, on dit:	Ah ! bon.
Pour applaudir:	Fort bien.
Pour la peine ou le plaisir:	Tant pis , tant mieux.
Pour exprimer la douleur:	Hélas ! mon Dieu.
Pour exprimer l'aversion, *le mépris:*	Fi ; fi donc !
Pour encourager :	Allons , courage.
Pour arrêter :	Tout beau ! doucement!
Pour faire cesser :	Hola ! assez.
Pour faire taire:	Paix ! paix-là !

Le ton de la voix distingue et détermine ordinairement le sens de l'interjection ; chacune doit avoir une inflexion particulière, suivant les différentes passions qui animent la personne qui parle.

H

INSTRUCTION

Pour les personnes qui enseignent à lire.

L'ÉCRITURE a, comme le discours, ses pauses, ses intervalles ; pour les distinguer, on a inventé la *Ponctuation*. On appelle ainsi la manière de placer les points et les virgules dans le discours imprimé, écrit ou prononcé. Le point marque l'intervalle le plus considérable. On fait toujours usage de la virgule pour séparer tous les membres d'une phrase qui sont unis par la construction. On a cru devoir mettre, sous les yeux des enfans, des exemples qui servent à leur faire connaître l'usage du point et de la virgule, employés séparément ou ensemble.

On admet encore dans l'écriture d'autres figures, sur lesquelles il a paru essentiel de donner quelques instructions. Ces figures sont :

L'apostrophe (`'`),

Le trait d'union (-),

Les deux points sur les voyelles (ë, ï, ü),

La cédille (ç),

Et la paranthèse ().

DE LA PONCTUATION.

La Ponctuation consiste à placer les Points et les Virgules de manière à établir le sens et la clarté du discours écrit ou prononcé.

La Ponctuation est composée de six petits caractères, dont voici les noms et la forme.

Caractères de Ponctuation.

, La Virgule.
; Le Point avec la Virgule.
: Les deux Points.
. Le Point seul.
? Le Point d'interrogation.
! Le Point d'admiration.

Manière de placer la Virgule.

On place la Virgule à l'endroit de la phrase où l'on s'arrête pour reprendre haleine, quoique le sens ne soit pas fini. Exemple tiré de l'Oraison funèbre de M. le Vicomte de Turenne, par M. Fléchier.

« Turenne meurt, tout se confond,

H 2

» la Fortune chancelle, la Victoire se
» lasse, la Paix s'éloigne, l'armée en
» deuil s'occupe à lui rendre les devoirs
» funèbres, etc.

On place encore la Virgule après les
noms de Dieu et des Saints, d'arts, des
sciences, de lieux, de pays, des grands
hommes, etc. comme dans ces exemples.

« Nous devons à Dieu, à la Sainte
» Vierge, à la Religion, l'hommage le
» plus sincère, etc.

« Les enfans doivent apprendre de
» bonne heure l'Histoire, la Géogra-
» phie, la Musique, les langues vi-
» vantes, etc.

« Les quatre parties du monde sont
» l'Europe, l'Asie, l'Afrique et l'Amé-
» rique.

« Alexandre, César, etc. ont acquis
» moins de véritable gloire que Charle-
» magne, Saint Louis, etc.

Manière de placer le Point avec la Virgule.

Le Point avec la Virgule servent à
séparer les différens membres d'une
longue phrase, dont le sens complet
dépend de différentes parties. En voici
un exemple tiré du même discours de

M. Fléchier sur la mort de M. de
Turenne.

« N'attendez pas , Messieurs , que
» j'ouvre ici une scène tragique ; que je
» représente ce Grand-Homme étendu
» sur ses propres trophées ; que je dé-
» couvre ce corps pâle et sanglant ,
» auprès duquel fume encore la foudre
» qui l'a frappé ; que je fasse crier son
» sang comme celui d'Abel , etc.

Autre exemple tiré du même discours.

« Si M. de Turenne n'avait su que
» combattre et vaincre ; si sa valeur et sa
» prudence n'avaient été animées d'un
» esprit de foi et de charité , je le met-
» trais au rang des Fabius et des Scipion.

Manière de placer les deux Points.

Les deux Points marquent un sens
plus complet que le Point et la Virgule :
on le met après une phrase dont le sens
est achevé , mais à laquelle on ajoute
encore quelque chose pour l'éclaircir.
En voici un exemple.

Madame de Sévigné raconte dans une
lettre écrite à son gendre , la mort de
M. de Turenne.

« C'est à vous que je m'adresse,
» mon cher Comte, pour vous écrire
» une des plus grandes pertes qu'il pût
» arriver en France : c'est la mort de
» M. de Turenne.

Autre exemple tiré du même discours,
par M. Fléchier.

» Dieu immole à sa souveraine gran-
» deur de grandes victimes : il frappe,
» quand il lui plaît, les têtes illustres
» qu'il a couronnées.

Manière de placer le Point.

Le Point seul se met à la fin des phrases
dont le sens est complet et indépendant
de toute autre phrase : en voici un exemple. C'est encore Mme de Sévigné qui
écrit à son gendre la mort de M. de
Turenne.

« Je suis assurée que vous serez aussi
» touché et aussi désolé que nous le som-
» mes ici. Cette nouvelle arriva lundi à
» Versailles. Le Roi en a été affligé com-
» me on doit l'être de la perte du plus
» grand Capitaine, et du plus honnête
» homme du monde. Jamais un homme
» n'a été regretté si sincèrement. Tout
» Paris était dans le trouble et dans l'é-

» motion. Chacun parlait et s'attroupait
» pour regretter ce Héros.

Manière de placer le Point d'Interrogation.

Le Point d'interrogation se met à la
fin d'une phrase qui exprime une interrogation. En voici un exemple tiré de
l'Ode à la Fortune, par M. Rousseau.

  » Fortune dont la main couronne
  » Les forfaits les plus inouis,
  » Du faux éclat qui t'environne,
  » Serons-nous toujours éblouis ?
  » Jusques à quand, trompeuse idole,
  » D'un culte honteux et frivole
  » Honorerons-nous tes autels ?
  » Verra-t-on toujours tes caprices
  » Consacrés par des sacrifices
  » Et par l'hommage des mortels ?

Manière de placer le Point d'admiration.

Le Point d'admiration se met à la fin
d'une phrase qui exprime une exclamation. En voici un exemple tiré d'une des
Odes sacrées de M. Rousseau.

  « O que tes œuvres sont belles !
  » Grand Dieu ! quels sont tes bienfaits!
  » Que ceux qui te sont fidèles,
  » Sous ton joug trouvent d'attraits, etc.

H 4

*Des Figures employées dans l'impression
ou dans l'écriture.*

L'ORTHOGRAPHE a admis dans notre
langue des caractères particuliers consacrés à différens usages.

(') L'apostrophe marque la suppression
d'une voyelle. Elle se place ordinairement au-dessus de la lettre suppri-
mée. On écrit l'*amour*, au-lieu de *le
amour ;* l'*amitié*, au-lieu de *la amitié*.

(..) On met sur l'*e*, *i*, *u*, deux points : on
appelle ces voyelles *ë tréma*, *ï tréma*,
ü tréma. On emploie ces deux points
pour marquer que la voyelle sur laquelle ils sont placés forme une syllabe
distincte, et que le son qu'elle doit
produire ne doit pas être confondu
avec celui d'une voyelle dont elle serait précédée ; ces deux points sont
aussi destinés à ôter toute équivoque.
On prononce *Sa-ül :* s'il n'y avait pas
de point sur l'*u*, on prononcerait *Saul*.
On dit *ai-gu-ë*, *am-bi-gu-ë*, et si l'*e* n'é-
tait pas marqué de deux points , on
prononcerait les deux dernières syllabes de ces mots , comme les dernières
syllabes de ces mots *langue*, *fatigue*.

(ç) La cédille est une espèce de petit ç retourné; elle se place ordinairement sous le *c*. Elle sert à marquer qu'il faut adoucir le son de cette lettre devant *a*, *o*, *u*. Le ç marqué d'une cédille produit à-peu-près le son de l'*s* suivie d'un *a*, d'un *o*, et d'un *u*. On écrit, *leçon*, *il commença*, *il prononça*, *il a conçu*, on prononce, *lesson*, *il commensa*, *il prononsa*, *il a consu*.

() On appelle paranthèse deux crochets placés en regard, entre lesquels on renferme un petit nombre de paroles qui interrompent le sens du discours, et qui sont cependant nécessaires à l'intelligence de la phrase, comme on peut voir dans l'exemple suivant:

Le vainqueur du Renard (si quelqu'un le peut être) sera digne de moi.

(-) Le trait d'union sert à unir deux mots, qu'il faut prononcer comme s'ils n'en formaient qu'un. Exemples:

Croit-il être instruit ? Veut-il étudier ? Dût-il périr ? Aime-t-il l'étude ?.

— Le trait de séparation sert à remplacer les *dit-il*, *dit-elle*, qui dans les dialogues rendent le discours traînant et insipide.

H 5

.... Depuis quelque tems , on coupe en France les phrases par une suite de points placés horisontalement les uns après les autres. Cet usage ·a pour objet de montrer à tout le monde qu'il faut faire une pause aux phrases ainsi séparées.

(») On emploie encore dans l'imprimerie de petits caractères appelés Guillemets : c'est une double virgule que l'on place au commencement de toutes les phrases et de toutes les lignes d'une citation. On trouvera dans les morceaux suivans, des exemples de la différente ponctuation et de tous les ·caractères qui servent à marquer les nuances d'un discours.

L'ENFANT BIEN CORRIGÉ.

Le pauvre Nicolas, tout courbé sous le poids
D'un énorme fagôt, s'en revenait du bois
Un soir beaucoup plus tard qu'il n'avait de coutume.
En marchant, il disait, d'un ton plein d'amertume :
« La bonne Marguerite est bien triste à présent ;
    » Elle s'inquiète, elle pleure :
      » Chaque moment
    » Lui paraît long, long comme une heure.
» Antoine est triste aussi. C'est un si bon enfant :
    » C'est tout le portrait de sa mère.
    » Si les Dieux nous aident, j'espère
    » Qu'il sera tendre et bienfaisant.
» Cet espoir est bien doux. Mais voici que j'approche :
» Ils seront consolés quand ils me reverront.
» Comme ils seront joyeux ! comme ils m'embrasseront !
    » S'ils me faisaient quelque reproche,
» Je leur dirai pourquoi j'ai tardé si long-temps ;
» Au lieu de m'en vouloir, ils seront bien contens. »
    Tout en raisonnant de la sorte
    Nicolas arrive à sa porte.
Il entre, il voit sa femme assise auprès du lit ;
    Sur la traverse de sa chaise,
Sa tête est renversée ; elle pleure et gémit :
Son fils est à genoux ; il tient, il presse, il baise
Sa main qu'elle paraît vouloir lui retirer.
» Cessez . dit Nicolas, cessez de soupirer :
» Me voilà bien portant...Est-ce ainsi qu'on m'embrasse ?
» Vous ne me dites rien ? Mon fils, tu ne viens pas
    » Te jeter dans mes bras ?
    » Une caresse me délasse :
» Tu le sais bien ; viens donc ! Ils veulent me punir.
» Ne boudez plus : tenez, mettez-vous à ma place ;
» Voyez si je devais plutôt m'en revenir.
» J'avais fait mon fagôt ; je sortais du boccage ;
» Il n'était pas encore absolument bien tard,

H 6

» Quand j'y vois arriver un malheureux vieillard.
   » Il est , je crois, de ce village
» Que de notre fenêtre on aperçoit là bas.
» Il se traînait à peine. A voir votre démarche ,
    » Lui dis-je , Patriarche ,
    » Vous semblez déjà las.
   » Il me répond par un hélas !
» Qui me fait grand pitié. Vîte, je prends ma hache,
» Je lui coupe un fagot ; je ne le fais pas gros,
» Il ne l'eut pas porté : de deux harts je l'attache,
    » Et le mets sur son dos.
   » Il me remercie et me quitte.
» Je veux doubler le pas pour arriver plus vîte.
   » La neige tient à mes sabots ,
» Et m'empêche... Mais quoi ! ma chère Marguerite ,
» Encore des soupirs, encore des sanglots !
» Tu ne pardonnes point ? tu ne m'aimes donc guère ?
» Je ne l'aurais pas cru. » Marguerite , à ces mots,
Le prenant par la main, lui dit : « Malheureux père,
Pourrais-tu désirer d'être aimé de la mère
    Du fils le plus méchant ?
—Antoine , méchant, lui ! non , non , son caractère
Est bon ; je le connais ; il est encore enfant ,
Il aime à folâtrer , c'est le droit de son âge ;
   Mais laisse faire , en grandissant
    Il sera bon et sage
— Dis plutôt cruel. — Non , je le promets pour lui.
Antoine, tu devrais le promettre toi-même ,
Et tâcher d'appaiser une mère qui t'aime.
Mais approche, dis-moi : qu'as-tu fait aujourd'hui
Pour la fâcher ? réponds , puisque je le demande...
Vous vous cachez, mon fils, la faute est donc bien grande.
— Très-grande, cher époux ; mais il en est honteux,
C'est bon signe. — Dis-moi ce que c'est.—Tu le veux ;
   Tu seras fâché de l'entendre ;
Mais enfin tu le veux, tu le sauras. Ce soir,
   Comme il m'ennuyait de t'attendre ,
J'ouvrais de temps en temps la porte , et j'allais voir
   Si tu venais ; une fauvette
   Entre avec moi dans la maison ,
   Puis se blottit sur la couchette.

Elle grelottait. La saison
Est pour cela bien assez dure,
Je la rechauffais dans mon sein,
De mon haleine et sous ma main,
Lorsque je vois entrer la fille de couture,
La petite Babet. La pauvre créature,
En tombant sur des échalas,
Dans sa vigne, ici près, s'est déchiré le bras.
Elle pleurait, et sa blessure
Saignait beaucoup. Ce n'est pas moi
Qu'elle demandait ; c'était toi.
Voyant que tu tardais, et qu'elle était pressée,
Comme j'ai pu, je l'ai pansée.
Pour la panser, j'ai pris
Le baume du pot gris :
Est-ce bien celui-là ? Me serais-je trompée ?
— C'est bon. Après ? — Tandis que j'étais occupée
A tout cela, ton fils, à qui j'avais donné
La fauvette à tenir, dans un coin s'est tourné,
Et puis... — Achève donc. — Et puis il l'a plumée.
— Quoi plumée ? Oui, par-tout le corps,
Hors les ailes pourtant. La porte était fermée,
Il a bien su l'ouvrir pour la mettre dehors ;
Elle a volé, la malheureuse ;
Elle volait en gémissant.
J'entendais sa voix douloureuse
Qui me saignait le cœur... Nous aurons un méchant.
Juge ce qu'il fera, s'il devient jamais grand.
Voilà, mon bon ami, ce qui me désespère.
Aurais-tu fait cela quand tu n'étais qu'enfant ?
Moi qui disais à tout instant :
Mon cher Antoine aura la bonté de son père.
Aussi je l'aimais trop. Que Dieu m'en punit bien !
— Vas, vas, console-toi, ma chère,
Sèche tes pleurs, et ne crains rien.
Il est là-haut une justice
Aux bons parens toujours propice.
S'il doit être un méchant, les Dieux nous l'ôteront.
Non, jamais il ne permettront...
Approche-toi, mon fils, viens, viens que je t'embrasse,
Que je t'embrasse, hélas ! pour la dernière fois.

Tu fais bien de pleurer : je pleure aussi, tu vois.
Mets ta main sur mon cœur : tiens, c'était là ta place,
Car je t'aimais, Antoine, et c'était mon bonheur.
Je ne t'aimerai plus... Oh, si fait, j'ai beau dire,
Je t'aimerai toujours : ce sera ma douleur.
Ciel ! j'aimerais donc un... J'ai peur de te maudire.
Il faut les ramasser les plumes de l'oiseau,
    Et les pendre à ce soliveau.
      Ramasse-les, ma femme.
Quand nous l'aimerons trop, nous les regarderons ;
    En les regardant, nous dirons :
Il ne faut point aimer une si méchante ame.
Ce pauvre oiseau, mon fils, (reste sur mes genoux,)
Ce pauvre oiseau, crois-tu que la seule froidure
     L'ait amené chez nous ?
    Non, c'est l'Auteur de la nature,
    Qui le mettait entre nos mains.
C'était nous ordonner de lui sauver la vie ;
Il prend soin des oiseaux tout comme des humains.
Et vous l'avez plumé ? S'il me prenait envie
De vous envoyer nud passer la nuit au froid,
    Vous m'en avez donné le droit,
    Vous n'auriez point à vous en plaindre.
Mais je serais méchant, je vous ressemblerais,
    Et plus que vous j'en souffrirais.
Ne tremble point, mon fils, vas, tu n'as rien à craindre,
Car je sens que je t'aime, et t'aimerai toujours.
    J'espérais que dans la vieillesse
De ta mère et de moi, tu serais le secours,
    Et tu vas abréger nos jours
    Par les chagrins et la tristesse.
— Ah maman ! ah papa ! baisez-moi de bon cœur ;
Non, vous ne mourrez pas de chagrin, de douleur :
    Tout le bien que je pourrai faire,
    Je vous promets, je le ferai.
Je serai bon enfant, je vous ressemblerai. »
    Aisément un père, une mère
Se laissent attendrir. Antoine eut son pardon :
    Il tint sa promesse, il fut bon.
    Il fut si vertueux, si sage,
    Qu'on le montrait dans le canton,

A tous les enfans de son âge.
Un jour qu'il regardait tristement au plancher,
Sa mère qui le vit, alla prendre une échelle.
    « Monte, mon fils, monte, dit-elle,
    » Et vas promptement détacher
» Les plumes de l'oiseau : c'est-là ce qui t'afflige;
» Jette-les au feu, ne crains rien :
    » Ton père le veut bien.
» Tu le veux, n'est-ce pas ?—Oui.—Jette-les, te dis-je,
    » Et qu'il n'en reste aucun vestige.
    » — Non, maman, je les garderai;
    » A mes enfans, si Dieu m'en donne,
    » En pleurant, je les montrerai.
    » En même temps, je leur dirai :
» Un jour je fus méchant, et maman fut trop bonne.»

              Par Le Monnier.

JUPITER ET MINOS, *

FABLE.

» Mon fils (disait un jour Jupiter à Minos,) .
    » Toi qui juges la race humaine,
» Explique-moi pourquoi l'enfer suffit à peine
» Aux nombreux criminels, que t'envoie Atropos...
» Quel est de la vertu le fatal adversaire
» Qui corrompt à ce point la faible humanité ?
» C'est je crois l'intérêt. — L'intérêt ! non mon père :
    » — Et qu'est-ce donc ? — L'oisiveté.»

              Par Florian.

---

* Jupiter chez les payens était le plus grand des Dieux. Minos était juge dans les Enfers.

INSTRUCTION

Sur la manière de faire lire *ou* réciter *les Fables aux enfans.*

C'EST un talent que de savoir bien lire les vers. Peu de gens le possèdent ; ceux même qui versifient le mieux, souvent ne le connaissent pas. Rien ne défigure tant un morceau de poésie, quel qu'il soit, que de le réciter en appuyant lourdement sur chaque syllabe, en coupant régulièrement en deux les vers alexandrins, et en s'appesantissant sur les rimes : mais cette manière déplaît sur-tout à l'oreille d'un homme de goût, quand il s'agit de Fables. Ce dernier genre est d'une si grande naïveté en soi, la mesure des vers y est tellement arbitraire, le ton en est si uni, si simple, si peu emphatique, qu'il ne semble pas exiger plus de déclamation qu'une lettre, un dialogue ou tout autre ouvrage de cette espèce en prose. Toutefois les Fables, et principalement celles du célèbre La Fontaine, renferment souvent des tours, des figures, des finesses de sens, et des allusions fréquentes qu'il est impossible qu'un enfant saisisse d'abord, quoique né avec des dispositions heureuses. Il ne serait donc pas raisonnable d'exiger de lui qu'il les récitât avec tous les tons convenables.

C'est assez pour les enfans d'un âge tendre et qui n'ont encore que de la mémoire, qu'ils

sachent s'arrêter aux endroits où finit le sens,
et qu'ils s'habituent à bien prononcer et à faire
en sorte que leur voix ne soit ni glapissante ni
rauque. On ne doit pas leur laisser prendre à
leur fantaisie un prétendu ton familier, qui
estropie presque toujours le sens de l'Auteur;
et qui n'est rien moins que familier pour pré-
tendre à trop l'être. C'est assez, encore une
fois, qu'ils sachent articuler les mots et distinguer le sens de chaque phrase, suivant les
repos qui y sont ménagés; et non pas seulement suivant la mesure des vers et la chûte des
rimes; alors on doit être content d'eux: c'est
tout ce qu'on peut raisonnablement leur demander.

Une chose plus commune dans les Fables,
que dans toute autre espèce de poëme, excepté
dans les drames, c'est que les dernières sylla-
bès d'un vers, indépendantes des premières
pour la continuité exacte du sens, sont liées
avec une partie du vers suivant, ou avec le vers
entier et même avec quelques autres encore,
auquel cas on doit prononcer de suite cette
moitié de vers et tout ce qui compose le corps
de la phrase, sans faire seulement attention
à la rime. C'est ce qui rend difficile la lecture
de ce genre de poésie, où l'on se donne plus
de liberté que dans les genres élevés, et où
cette liberté même est la source d'un grand
nombre de beautés: voilà ce qu'il faut s'étudier à bien apprendre aux enfans.

Que l'un d'eux ait à réciter la Fable intitulée
le Chat, la Belette et le petit Lapin; il faut

l'arrêter à tous les repos , dès qu'on veut qu'il la récite , si non avec toutes les grâces imaginables , du moins avec quelque bon sens :

> Du palais d'un jeune lapin
> Dame belette un beau matin
> S'empara.

Il y a ici un point que l'enfant doit marquer, malgré la mesure du vers qui se trouve rompue par ce repos , dont l'énergie est admirable.

> C'est une rusée.

Cette petite réflexion doit être détachée par le récit.

Le maître étant absent , ce lui fut chose aisée.

Autre repos. Tout le commencement de cette fable demande à être coupé par celui qui récite , à mesure qu'il se rencontre des points qui terminent le sens. Mais lorsqu'une fois l'auteur fait parler la belette , comme son dessein a été de peindre le caquet de ce petit animal femelle , et que tout ce qu'il lui fait dire est extrêmement serré , et presque sans aucun intervalle sensible , l'enfant ne doit pas s'arrêter , par la raison pour lui , qu'il n'y a pas de point dans ce petit discours : c'était un beau sujet de guerre , qu'un logis où le lapin n'entrait qu'en rampant !

> Et quand ce serait un royaume ,
> Je voudrais bien savoir , dit-elle , quelle loi
> En a pour toujours fait l'octroi
> A Jean , fils ou neveu de Pierre ou de Guillaume
> Plutôt qu'à Paul , plutôt qu'à moi ?

On sent que tout cela doit être dit de suite ; et assurément en n'exigeant que cette attention

d'un enfant, on aura lieu d'être fort satisfait
de lui, s'il partage ainsi le sens de chaque
endroit d'une des plus jolies fables du monde,
et de toutes celles qu'on pourra lui faire apprendre par cœur pour exercer sa mémoire.
Les tons viendront après. Il ne lui faut pas
parler ni de pieds, ni d'hémistiches, ni de
rimes. On ne doit sentir que fort légèrement
ces choses, en écoutant réciter des Fables.

Tantôt c'est le singe de la foire, qui tâche
d'attirer des spectateurs :

. . . . . . Venez, de grâce,
Venez, messieurs,
                    Je fais cent tours de passe-passe.
Cette diversité dont on vous parle tant,
Mon voisin Léopard l'a sur soi seulement.
Moi, je l'ai dans l'esprit :
                    Votre serviteur Gille,
        Cousin et gendre de Bertrand,
        Singe du Pape en son vivant,
        Tout fraîchement dans cette ville,
Arrive en trois bateaux, exprès pour vous parler,
Car il parle ;
            On l'entend :
                    Il sait danser, baller,
        Faire des tours de toute sorte ;
Passer en des cerceaux ;
                    Et le tout pour six blans :
Non, messieurs, pour un sou.
                    Si vous n'êtes contens,
Nous rendrons à chacun son argent à la porte.

Tantôt c'est le savetier interrogé par un
homme de finance :

. . . . . . Or çà, sire Grégoire,
Que gagnez-vous par an ?
                    Par an ? ma foi, monsieur,
        (Dit avec un ton rieur,

Le gaillard savetier)

               Ce n'est pas ma manière

De compter de la sorte ;

                Et je n'entasse guère

      Un jour sur l'autre :

                  Il suffit qu'à la fin ,

      J'attrape le bout de l'année.

      Chaque jour amène son pain.

Eh bien ! que gagnez-vous , dites-moi, par journée ?

Tantôt plus , tantôt moins ?

                  Le mal est que toujours

(Et sans cela nos gains seraient assez honnêtes ,)

Le mal est que dans l'an s'entremêlent des jours

     Qu'il faut chômer ;

              On nous ruine en fêtes.

L'une fait tort à l'autre :

              Et monsieur le Curé

De quelque nouveau saint charge toujours son prône.

    Ici c'est le roseau plaint d'une manière un

peu insultante par le chêne : .

La nature envers vous me semble bien injuste ?

Votre compassion , lui répondit l'arbuste ,

Part d'un bon naturel ;

             Mais quittez ce souci.

   Les vents me sont moins qu'à vous redoutables.

Je plie et ne romps pas.

             Vous avez jusqu'ici

    Contre leurs coups épouvantables

    Résisté sans courber le dos :

Mais attendons la fin ;

            Comme il disait ces mots,

Du bout de l'horison accourt avec furie

    Le plus terrible des enfans

Que le nord eût porté jusque-là dans ses flancs.

    L'arbre tient bon ;

            Le roseau plie :

    Le vent redouble ses efforts

    Et fait si bien qu'il déracine

Celui de qui la tête au ciel était voisine ,

Et dont les pieds touchaient à l'empire des morts.

Ailleurs , c'est la grenouille qui pour égaler le bœuf en grosseur :

Envieuse s'étend ,
   Et s'enfle ,
      Et se travaille ,
  Disant :
     Regardez bien , ma sœur ;
Est-ce assez , dites-moi ?
        N'y suis-je point encore ?
Nenni,
  M'y voici donc ,
    Point du tout.
        M'y voilà ?
Vous n'en approchez pas.
     La chétive pécore
  S'enfla si bien qu'elle creva.

Il est incontestable que de tels morceaux lus ou récités simplement comme ils sont imprimés ici , indépendamment des tons qui conviennent au discours , auront toujours assez de grâce dans la bouche d'un enfant, et feront voir en lui , sinon beaucoup de goût , du moins assez de bon sens et d'intelligence. Et que veut on de plus à son âge ? Attendons que l'esprit et la raison soient formés en lui , et alors nous lui permettrons d'essayer de faire sentir aux autres les beautés qu'il sentira lui-même. Alors le sens lui rendra raison des points ; au lieu que quand il était encore enfant , les points lui rendaient raison du sens : il séparera de même qu'autrefois les phrases les unes des autres ; mais avec cette différence qu'il entrera dans l'esprit de l'auteur, en les distinguant par des repos. Il dira comme il faisait jadis :

Du palais d'un jeune lapin
Dame belette un beau matin
S'empara.

Mais ce ne sera plus uniquement parce qu'il y a un point après ce mot *s'empara*, qu'il s'y arrêtera ; ce sera plutôt parce que ce mot peint l'action de la belette, et qu'il est rejetté à l'autre vers pour attirer sur soi toute l'attention de celui qui lit ou qui écoute.

A cette manière intelligente de couper les vers sans aucun égard à la mesure, et seulement suivant que le sens l'exige, il joindra les tons qui sont comme les couleurs dans un tableau.

Mais ceci est un nouveau travail qui demande une attention extrême, un esprit fin, un goût sûr, et pour lequel il faut des détails dont cet Ouvrage n'est pas susceptible.

INTRODUCTION

A L'ÉTUDE

DE L'HISTOIRE ET DE LA GÉOGRAPHIE,

ou

EXPLICATION DES TERMES

PROPRES A CES DEUX SCIENCES.

TERMES PROPRES A L'HISTOIRE.

L'HISTOIRE embrasse la connaissance des événemens et des faits qui se sont passés dans l'univers, depuis le moment de sa création. Cette connaissance nous a été transmise par tradition ou par écrit.

Première division de l'Histoire en général.

La tradition, autrement dite l'histoire orale ou de bouche, est le recueil des récits faits par les premiers hommes à leurs enfans de tout ce qui était arrivé digne de remarque, pendant le cours de leur vie.

L'histoire écrite comprend tous les faits dont la mémoire s'est conservée par l'histoire ou par quelqu'autre signe expressif et permanent.

L'histoire en général a pour objets :

1° Les faits considérés en eux - mêmes , indépendamment de toute autre attention.

2° Les différens degrés de certitude qui forment plus ou moins de probabilité.

3° L'ordre des temps ou la chronologie qui les lie , en observant entr'eux la distance précise qui les sépare.

4° La description des lieux ou la géographie , qui assigne aux événemens leur véritable place dans l'univers.

Premier objet de l'Histoire.

Les faits considérés en eux-mêmes émanent de Dieu , de l'homme ou de la nature. Emanés de Dieu , ils appartiennent à l'histoire sacrée. Œuvres des hommes , ils appartiennent à l'histoire profane. Effets de la nature , ils appartiennent à l'histoire naturelle.

L'histoire sacrée a pour objet le rapport immédiat et direct de l'Etre-Suprême avec les créatures.

Cette histoire se divise en histoire ecclésiastique proprement dite , et en histoire des prophéties.

L'histoire ecclésiastique proprement dite est celle des faits dont l'événement a précédé le récit.

L'histoire des prophéties est celle dont le récit a précédé et annoncé l'événement.

L'homme , considéré dans ses rapports avec Dieu , présente le tableau de sa soumission ou

de

de ses infidélités aux lois de son Créateur ; ce qui forme l'histoire ou le recueil de tous les préceptes divins ou naturels : ou , il retrace l'histoire de l'exactitude ou de l'oubli de l'hommage dû à la divinité , et celle des changemens légitimes ou criminels introduits dans le culte; ce qui forme l'histoire de la Religion.

Dieu en divers temps a donné trois lois différentes. Ces lois sont , la loi de nature non écrite , donnée à tous les hommes ; la loi de nature écrite , donnée aux Juifs , nation par lui choisie à l'exclusion des autres peuples ; et la loi de grâce également donnée au Fidèle et à l'Idolâtre , aux Juifs et aux Gentils.

La loi de nature non écrite commença à la création , et dura jusqu'au vingt-sixième siècle. La loi de nature écrite fut dictée par Dieu même à Moïse , pour remplacer la loi de nature non écrite , que la plupart des hommes avaient défigurée. La loi de grâce vint suppléer à l'insuffisance de la loi de nature écrite. C'est la naissance de Jésus-Christ , au quarantième siècle , que le genre humain est redevable de ce bienfait.

De ces trois lois nâquirent trois religions , la Naturelle , la Juive et la Chrétienne. La religion naturelle , défigurée , produisit le paganisme , et Mahomet forma la sienne du mêlange absurde des trois religions.

L'histoire profane embrasse toutes les actions générales ou particulières des différentes sociétés humaines , leurs établissemens , leurs

I

alliances entr'elles , leurs guerres , leurs vices , leurs vertus , leurs découvertes , leurs observations , et par conséquent tous les différens progrès du génie et des arts.

L'histoire naturelle est celle de tous les effets de la nature considérée dans toutes ses parties , depuis les astres jusqu'aux animaux et aux végétaux.

L'histoire universelle est celle qui réunit les événemens sacrés , profanes et naturels.

Second objet de l'Histoire. Les preuves de sa certitude.

La certitude que produit l'Histoire orale ou de bouche , dérive de la persuasion où l'on a été dans chaque âge que les faits dont elle nous a conservé le souvenir , avaient passé de générations en générations sans aucune altération : la tradition qui en a perpétué la mémoire ayant été générale , constante , et remontant jusqu'au temps des événemens mêmes.

C'est par l'existence des monumens , par les actes , les titres , les pièces écrites du temps des événemens par les ouvrages des différens historiens qui ont été témoins des faits qu'ils racontent , ou qui ont travaillé sur les mémoires de ceux qui les avaient vus , que l'histoire écrite établit la certitude des faits qu'elle nous a transmis.

Troisième objet de l'Histoire,
La Chronologie.

La Chronologie forme la chaîne générale des événemens que l'histoire reproduit, pour ainsi dire, dans l'ordre des temps où ils sont arrivés. —

L'histoire, conduite par la Chronologie, est la science des temps, des dates et des époques.

Le temps se partage en jours, en semaines, en mois, en années, et en siècles.

L'on appelle jour une révolution de vingt-quatre heures : une semaine en comprend sept. Une année est composée de trois cents soixante-cinq jours, ou de douze mois. Cent années forment un siècle.

Les Grecs partageaient leurs temps historiques par Olympiades. C'étaient des espaces de quatre ans, qui se comptaient d'une célébration des jeux olympiques à l'autre.

C'est à l'établissement du cens terminé par une purification qu'on nommait *lustrum*, qu'on fait remonter chez les Romains l'usage de compter par lustres. Ce dénombrement se faisait tous les cinq ans. Un lustre est une période de cinq années.

Le temps divisé en siècles, en années, en mois, en semaines et en jours, est la continuité de la durée des êtres.

Les dates sous lesquelles les événemens

I 2

sont rangés , sont les différens points de cette durée.

Les époques sont prises des dates de quelques événemens plus remarquables que les autres , déterminées par les Chronologistes.

Il y a trois systêmes de Chronologie , qui étendent et resserrent l'espace de temps qui s'est passé entre la création et l'année où nous vivons. Ces trois systêmes ont pris leurs noms de différens textes de l'Écriture sainte qu'ils suivent , qui sont le texte Hébreu , le texte Samaritain , et le texte des Septante.

La Chronologie des Septante assigne au monde une durée de 7451 ans : le texte Samaritain compte 6517 ans. La Chronologie du texte Hébreu que nous suivons , borne cette durée à 5835 ans.

Les temps plus ou moins éloignés donnent à l'histoire le caractère d'ancienne ou de moderne.

Seconde division de l'Histoire en général. Durée du temps qu'elle embrasse.

L'histoire ancienne est celle des évènemens qui ont précédé la naissance de Jésus-Christ.

L'histoire moderne est celle qui rapporte ce qui est arrivé depuis Jésus-Christ jusqu'à ce jour.

On compte quarante siècles ou quatre mille ans , depuis la création jusqu'à la naissance du Messie , et plus de dix-huit siècles depuis cet événement jusqu'à nous : ce qui forme en tout plus de cinquante-huit siècles.

Troisième division de l'Histoire par ses différens âges.

L'histoire ancienne et moderne se divise ordinairement en âges et en époques. Ces âges et ces époques sont marqués par un des événemens fameux.

On compte sept âges du monde.

Le premier âge a commencé à la création et finit au déluge , au dix-septième siècle.

Le second âge dure depuis le déluge universel jusqu'à la vocation d'Abraham , au vingt-unième siècle l'an 2083 , pendant une suite d'un peu plus de quatre siècles ou de quatre cents vingt-sept ans.

Le troisième âge commençant à Abraham finit à Moïse , au vingt-sixième siècle , ou l'an 2513 ; sa durée est d'un peu plus de quatre siècles , ou de quatre cents trente ans.

Le quatrième âge a commencé à la sortie des Israëlites de l'Egypte , et a fini au règne de Salomon , au trentième siècle ou l'an 3000 , après une durée de près de cinq siècles ou de quatre cents quatre-vingt-sept ans.

Le cinquième âge comprenant une durée de plus de quatre siècles et demi , ou de quatre cents soixante-huit ans , commence à la consécration du premier temple bâti en l'honneur du vrai Dieu , par Salomon et finit au

I 3

rétablissement des Juifs au trente-cinquième siècle, l'an 3468.

Le sixième âge finissant à la Naissance de Jésus-Christ, au quarantième siècle, où l'an 4000, a duré depuis la fin de la captivité des Juifs, pendant un espace de plus de cinq siècles, ou de cinq cents trente-deux années.

Le septième âge a commencé à la naissance du Messie, et dure encore.

Quatrième division de l'Histoire en dix-neuf époques.

C'est l'histoire sacrée qui fournit les événemens dont les sept âges portent le nom ; il n'en est pas de même des époques prises indistinctement dans l'histoire sacrée et dans l'histoire profane. Ces époques, au nombre de dix-neuf, sont :

Première époque : la création de l'univers.

Cette époque dure seize siècles et demi ; elle finit au dix-septième siècle.

Seconde époque : le déluge arrive l'an 1656, au dix-septième siècle. Cette époque dure 427 ans, et finit à la vocation d'Abraham.

Troisième époque : la vocation d'Abraham au vingt-unième siècle, l'an 2083. Cette époque là dure 430 ans, elle finit à Moïse ou au temps de la loi écrite.

Quatrième époque : Moïse ou la loi écrite, au vingt-sixième siècle, l'an 2513. Cette époque finit à la prise de Troye ; elle dure 307 ans.

Cinquième époque : la ruine de Troye au vingt-neuvième siècle, l'an 2820. Cette époque finit à la construction du Temple, et dure 180 ans.

Sixième époque : le temple de Jérusalem, bâti au trentième siècle, l'an 3000. Cette époque finit à la fondation de Rome, elle dure 250 ans.

Septième époque : Rome fondée par Romulus, au trente-troisième siècle, l'an 3250. Cette époque finit à Cyrus, ou au rétablissement des Juifs ; elle dure 218 ans.

Huitième époque : Cyrus ou le rétablissement des Juifs, au trente-cinquième siècle, l'an 3468. Cette époque dure 180 ans ; elle finit à la naissance d'Alexandre.

Neuvième époque : la naissance d'Alexandre-le-Grand, au trente-septième siècle, ou l'an 3646. Cette époque finit à la destruction de Carthage ; elle dure 210 ans.

Dixième époque : la destruction de la ville de Carthage par Scipion-Emilien, au trente-neuvième siècle, l'an 3858. Cette époque dure 142 ans ; elle finit à la naissance de Jésus-Christ.

Onzième époque : la naissance du Messie, au quarantième siècle, l'an 4000. Cette époque dure 316 ans ; elle finit à Constantin.

Douzième époque : Constantin, ou la paix rendue à l'Eglise par cet Empereur, au quarante-quatrième siècle, ou l'an 312 de l'Ere vulgaire. Cette époque finit à la fondation de la monarchie française ; elle dure 169.

Treizième époque : fondation de la monarchie française par Clovis, au quarante-cinquième siècle, l'an de l'Ere vulgaire 481. Cette époque finit à Charlemagne ; elle dure 319 ans..

Quatorzième époque : Charlemagne, ou fondation du nouvel Empire d'Occident, au quarante-huitième siècle, l'an de l'Ere vulgaire 800. Cette époque dure 187 ans, elle finit à Hugues-Capet.

Quinzième époque : Hugues-Capet, ou troisième race des Rois de France sur le trône, au cinquantième siècle, l'an de l'Ere vulgaire. 987. Cette époque finit à Saint-Louis ; elle dure 283 ans.

Seizième époque : Saint-Louis, ou la fin des croisades, dont la dernière au cinquante-troisième siècle, ou l'an de l'Ere vulgaire 1270. Cette époque finit à Henri IV ; elle dure 323 ans.

Dix-septième époque : Henri IV, ou la branche des Bourbons sur le trône de France, au cinquante-sixième siècle, l'an 1589 de l'Ere vulgaire. Cette époque dure 49 ans ; finit à Louis XIV.

Dix-huitième époque : la naissance de Louis XIV, au cinquante-septième siècle, l'an de l'Ere vulgaire 1638. Cette époque dure 70 ans,

Dix-neuvième époque : la naissance de Louis XV, au cinquante-huitième siècle, l'an de l'Ere vulgaire 1710. Cette époque a duré soixante-quatre ans.

Définitions des différentes Ères.

Les Espagnols ont introduit dans la chronologie l'usage des Eres. Les Eres sont des époques déterminées par différentes Nations, et adoptées par elles pour fixer l'éloignement des faits qui ont suivi les événemens mémorables, d'après lesquels elles ont commencé à compter leurs années.

Les Eres les plus remarquables sont la première olympiade.

L'Ere de Nabonassar, Roi de Babylone, qui a commencé à régner au trente-troisième siècle, ou l'an 3257.

L'Ere des Séleucides, connue sous le nom des *Années des Grecs*, et adoptées par les Juifs soumis à la domination de ces peuples. Elle a commencé au trente-septième siècle, ou l'an 3692.

La première année Julienne, au quarantième siècle. Cette année commence à la réformation du calendrier par Jules-César, l'an 3959.

L'Ere d'Espagne, au quarantième siècle, commence à la réduction entière de cette partie de l'Europe sous la puissance Romaine, l'an 3966.

L'Ere vulgaire imaginée par *Denis le petit*, commence au quarante-unième siècle, ou l'an

I 5

4004 du monde. Cette année répond à la quatrième année·de Jésus-Christ.

L'Ere de Dioclétien commence au quarante-troisième siècle, ou l'an 284 de l'Ere vulgaire.

L'hégire, ou la fuite de Mahomet, arrivée le 16 Juillet de l'an 622 de l'Ere vulgaire. Cette Ere, suivie par les Arabes, commence au quarante-septième siècle.

Cinquième division de l'Histoire en ses différentes périodes.

Le peu d'événemens que présente l'histoire des temps qui ont précédé le déluge, l'incertitude de ceux qui sont arrivés dans les siècles qui l'ont suivi, ont fait partager l'histoire en trois grandes périodes. La première depuis la création jusqu'au déluge remplit un espace de dix-sept siècles et demi. La seconde, depuis le déluge jusqu'à la troisième olympiade, comprend une révolution d'environ seize siècles. La troisième, depuis la première olympiade jusqu'à présent, embrasse une durée de plus de vingt-cinq siècles et demi.

La première période est presque entièrement inconnue : on ne découvre rien dans les historiens de relatif à cette période, qui puisse présenter un caractère de vérité, excepté dans deux ou trois écrivains cités par Joseph, dont les récits touchant le déluge et les temps qui l'ont précédé , s'accordent à plusieurs égards avec les écrits de Moïse.

La seconde période est le temps héroïque ou fabuleux , ainsi nommé à cause des fables qui se trouvent mêlées dans l'histoire de ce temps. C'est dans cet intervalle qu'il faut placer l'origine des dieux , et des héros que tous les peuples ont honorés d'un culte particulier.

La troisième période est la période historique : depuis ce temps , la plupart des événemens se trouvent assujettis à des dates réglées. On peut recourir aux monumens publics , consulter et comparer les témoignages des historiens contemporains , et présenter avec confiance le tableau véritable des révolutions de l'univers.

Il faut observer que cette division de l'histoire en temps historiques , fabuleux et inconnus , ne peut convenir qu'à l'histoire profane , et ne pas perdre de vue que l'histoire sainte , fondée sur la révélation , la tradition et le témoignage constant de toute une nation subsistante en corps , témoignage contre lequel nul des Hébreux n'a jamais réclamé , porte avec elle les marques les plus évidentes de cette vérité incontestable.

I 6

Sixième division de l'Histoire en millénaires et en siècles.

La division la plus naturelle de l'histoire, partage la durée des temps qui nous séparent de la première époque en six millénaires, composés chacun de mille ans ou de dix siècles, placés perpendiculairement les uns sur les autres. Dans cette division, les cinquante-huit siècles et demi qui se sont écoulés depuis la fondation du monde, sont distingués par des dénominations particulières ; ces dénominations sont prises des événemens les plus remarquables, des découvertes et des institutions les plus utiles à l'humanité.

Quatrième objet de l'Histoire.
La Géographie.

Le secours de la Géographie est indispenpensablement nécessaire à l'intelligence de l'histoire, c'est par la description des différentes parties du globe, qu'on peut acquérir une connaissance exacte et précise des événemens qu'elle a rapportés.

TERMES

PROPRES A LA GÉOGRAPHIE.

———

DANS le temps de la création, la terre a été séparée des eaux, le soleil et les astres ont été placés dans le firmament, suivant les ordres de l'Arbitre de l'univers. La considération de ces merveilles, leur description, voilà quel est l'objet de la Géographie. Elle embrasse toutes les différentes parties du globe terrestre, leur rapport avec le ciel, et tout ce qui, sur la surface de la terre, tire son origine de l'institution des hommes. Ainsi cette science peut être divisée en Géographie naturelle, en Géographie astronomique, en Géographie historique.

GÉOGRAPHIE NATURELLE.

La Géographie naturelle est la description simple de la terre et de l'eau. Elle désigne les divisions que ces deux élémens ont formés sur la surface du globe. Elle représente la mer, les continens, les isles, les isthmes, les détroits, les fleuves, les lacs, les montagnes.

. La Géographie naturelle, ou la description du Globe, comprend la Géographie proprement dite et l'Hydrographie.

La Géographie proprement dite, est la description particulière de la terre. L'Hydrographie est la description particulière de l'eau.

La Géographie proprement dite, admet encore une autre division, lorsqu'on la considère par rapport à l'étendue du pays qu'elle entreprend de décrire. Embrasse-t-elle la description générale du globe, c'est la Cosmographie. S'arrête-t-elle aux détails principaux d'une partie considérable de la terre, on la nomme Chorographie. Marque-t-elle toutes les particularités d'une étendue de terrain de médiocre grandeur, on la distingue sous la dénomination de Topographie.

Le globe terrestre se· partage en terre ferme et en mers. Les plus grandes étendues de terre environnées d'eau s'appellent continents ou terres fermes. La mer est cet amas immense d'eau qui environne les continens.

L'assemblage des eaux de toutes les mers s'appelle l'Océan. Le nom d'Océan, qui semble devoir être commun à toutes les mers, est appliqué particulièrement à celle qui environne l'ancien continent.

Les deux portions générales du globe appelées Terre ferme et Mer, s'étendent réciproquement l'une dans l'autre. Toutes deux ont des limites qui les circonscrivent et les bornent. Les noms de ces circonscriptions sont différens et opposés, quoiqu'ils aient quelques rapports entr'eux. La terre s'avance dans l'eau, l'eau à son tour s'avance dans la terre. Il y a des parties de terre absolument environnées d'eau : on trouve des assemblages d'eau que la terre entoure de tous côtés.

La mer qui embrasse les continens, en pénétrant leur intérieur, forme, par le partage de ses eaux, des mers intérieures, auxquelles on donne le nom de Méditerranée, de Golfes, de Baies, d'Anses.

On appelle mer Méditerranée une portion considérable des eaux de la mer qui sépare plusieurs régions de la terre entre lesquelles elle se trouve resserrée. Un golfe est une portion de la mer qui s'avance dans les terres, excepté dans un endroit par où elle communique à la mer ou à quelque autre Golfe. La Baie est un diminutif du Golfe. L'Anse est un diminutif de la Baie.

La communication de ces différentes parties de la mer se fait par des canaux que l'on appelle Détroits, à cause de leur peu d'étendue entre les terres qui les resserrent. On les désigne encore par les mots de Manche, de Pas, de Canal, de Pertuis, de Bosphore, d'Euripe.

On divise la mer en haute mer et en rivages. On appelle haute mer la partie éloignée des terres. On désigne sous le nom de rivages, les parties de la mer qui baignent les côtes , et qui regnent le long des terres. On donne aussi communément le nom de rivages aux terres qui sont lavées par les eaux de la mer.

Les rivages présentent ou des ports , qui sont des portions de la mer resserrées dans les terres , qui servent de retraite aux vaisseaux contre le mauvais temps , ou des Rades qui sont des espaces de mer peu éloignées des terres , où les vaisseaux peuvent mouiller , et être à l'abri de certains vents ; ou des Plages qui sont des surfaces d'eau de médiocre hauteur , étendues sur un terrain uni ; ou des Falaises , qui sont des endroits où la mer vient se briser contre des bords escarpés. La mer , en baignant les rivages , y rassemble d'espace en espace des collines de sable ou de cailloutages , qu'on appelle Dunes.

On trouve encore sur le globe terrestre des amas des courans d'eau qui n'appartiennent point à la mer , quoique quelques-uns s'y précipitent. On appelle Lac une étendue d'eau réunie au milieu des terres , sans aucune issue et sans aucun cours. Il sort d'une infinité d'endroits de la terre des sources qui se rassemblent dans leur cours et forment des canaux qu'on appelle Rivières ou Fleuves. La longueur du cours , la largeur du lit , distinguent les Fleuves des Rivières. Les Fleuves sont plus considérables. Ces courans d'eau se perdent les uns dans les autres , ou vont se jetter dans la mer. On appelle **Embou-**

chure le lieu où leurs eaux se mêlent, soit avec les eaux d'une Rivière, soit avec celles d'un Lac, soit avec celles de la mer.

Les Torrens sont des espèces de lits de Rivière qui se remplissent par intervalles, des eaux provenantes des pluies ou de la fonte des neiges, et qui demeurent à sec après leur écoulement.

Les Rivières sont comme le reste de la surface de la terre. Leurs lits ne sont pas toujours unis : il en est où il se rencontre des hauteurs. Ces inégalités suspendent le cours des eaux qu'elles rassemblent en plus grande quantité : devenues plus rapides et plus élevées par cet accroissement, elles franchissent les obstacles qui les arrêtaient, et se précipitent avec impétuosité. On appelle ces hauteurs Cataractes. Les plus connues. sont celles du Nil.

On nomme Canal un courant d'eau qui coule dans un lit creusé par l'industrie humaine. On nomme Etang une pièce d'eau rassemblée dans un espace de terre où l'on a pratiqué un bassin pour lui servir de réservoir.

Ainsi que la masse des eaux prend divers noms, suivant la situation de ses parties et les différentes figures qu'elle décrit sur le globe, la terre partagée en diverses portions par le contour des eaux qui l'embrassent, ou par sa propre configuration, est désignée par des noms qui indiquent cette différence.

On donne le nom d'Isle à toutes les parties du globe qui s'élèvent au-dessus de la surface des eaux dont elles sont environnées.

Un Archipel est une réunion de plusieurs Isles.

On appelle Cap, Promontoire, Péninsule toute partie de terre qui s'avance dans la mer.

Une Péninsule, ou presqu'Isle, est une portion de terre environnée d'eau de tous côtés, excepté en un seul endroit, par lequel elle a communication avec la terre.

Un Cap est une pointe de terre élevée qui s'avance dans la mer : on le distingue du Promontoire, en ce qu'il est plus élevé.

Un Isthme est une langue de terre qui joint une presqu'Isle à la terre ferme, ou à d'autres presqu'Isles.

La terre ferme comprend quatre grands continens ; l'ancien, le nouveau, les terres australes connues ou soupçonnées, et les terres arctiques, dont la configuration est encore bien moins déterminée.

Nous ne connaissons jusqu'ici que deux continens, l'ancien et le nouveau.

On comprend sous le nom d'ancien continent, cette portion du globe que nous habitons, et qui depuis la création a été connue en tout ou en partie. Cet ancien continent n'occupe guère que la septième partie de la surface de la terre. On le divise en trois parties : l'Europe, l'Asie, l'Afrique.

Le nouveau continent est une autre grande partie de la terre, séparée de celle que nous habitons par l'Océan. Il fut découvert au cinquante - cinquième siècle par Christophe Colomb, Génois. On lui a donné le nom d'Amérique.

L'Europe est la partie la moins étendue de celles qui composent l'ancien continent, elle peut avoir dans sa surface trois cents cinquante - sept mille lieues quarrées, chaque lieue de trois mille pas géométriques.

L'Asie est la plus considérable des trois parties de l'ancien continent ; elle a quatre fois plus d'étendue que l'Europe. Sa surface comprend environ douze cent vingt mille lieues quarrées.

L'Afrique contient au moins une fois et demi l'étendue de l'Europe ; sa surface est de huit cent soixante-treize mille lieues quarrées.

L'étendue de l'Amérique est à-peu-près égale à celle de l'Europe et de l'Asie prises ensemble.

Ces parties de la terre se divisent en grandes et en moyennes régions. Les moyennes régions se subdivisent encore en portions plus petites, qu'on appelle pays et contrées.

On distingue les régions en hautes et en basses, suivant leurs différentes situations près de la mer dont elles sont bornées, le cours des rivières qui les traversent, ou les montagnes qu'elles contiennent.

La terre, relativement à la mer qui l'environne , se divise en terres intérieures èt en terres maritimes ou côtes,

Les inégalités qui se rencontrent sur la surface de la terre sont désignées par les noms de Montagnes , de Collines et de Plaines. On appelle Montagnes toute l'élévation de terrain portée jusqu'à une hauteur considérable. On donne le nom de Chaîne à la jonction de . plusieurs Montagnes contiguës les unes aux autres. La terre renferme dans son sein des amas de matières combustibles ; ces matières s'enflamment et s'ouvrent des passages sur la superficie du globe. Les Montagnes où se rencontrent quelques unes de ces ouvertures , sont désignées sous le nom de volcans.

Les éminences de terre d'une élévation médiocre s'appellent Collines. Les Côteaux sont des diminutifs des Collines. On appelle Tertres les plus petites éminences.

On nomme Pas , Cols et Gorges , les passages qui séparent les Montagnes.

Les terrains unis , situés au pied des Montagnes , sont appelés Vallées. Les Prairies sont les fonds qui forment ces terrains. Lorsque ces fonds se trouvent situés entre deux Collines dont la pente est douce , on les appelle des Vallons.

On donne le nom de Plaine généralement à tout terrain uni. On appelle Campagne une Plaine d'une très-grande étendue.

On appelle Désert toute partie de terre stérile et inhabitée.

Il se trouve sur les Montagnes et dans les Plaines des terrains entièrement couverts d'arbres : on donne généralement à ces terrains le nom de Bois. Ceux qui sont de la plus vaste étendue , sont désignés sous celui de Forêts.

La plupart de ces objets sont représentés dans la figure suivante.

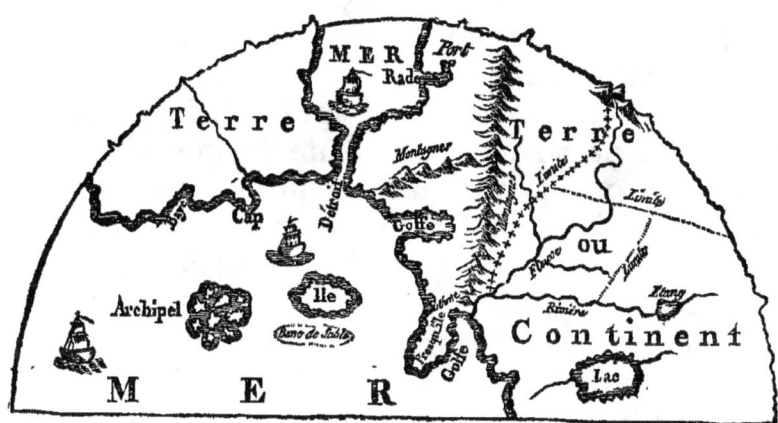

GÉOGRAPHIE ASTRONOMIQUE.

Ce globe que nous habitons, d'une si vaste
étendue, par rapport à nous, et qui ne
forme qu'un petit point dans l'immensité de
l'univers dont il fait partie, est suspendu
dans les plaines de l'air, et soutenu par cette
même puissance qui maintient les lois inva-
riables de l'équilibre de tous les corps. Sa
figure est sphérique, c'est-à-dire, ronde ; nous
ne pouvons juger de sa rondeur. Le court
espace dans lequel notre vue s'étend, est
infiniment borné en comparaison du reste
que nous ne voyons pas ; il ne permet à nos
faibles yeux d'apercevoir ce qui les frappe,
que dans l'apparence d'une figure qui s'a-
grandit de plus en plus à proportion que
l'on est plus élevé.

Comme il n'y a aucune position fixe d'où
l'on puisse déterminer la situation absolue des
différentes parties de la superficie du globe
terrestre, on ne peut conséquemment y prendre les dimensions précises qui puissent assi-
gner et régler leur distance entre elles. Pour
suppléer à ce défaut, on a imaginé dans le
ciel divers cercles qui servent à le diviser en
parties déterminées, et qui donnent en même
temps les positions fixes et nécessaires. On
s'est servi de ces mêmes cercles pour partager la terre, en les appliquant aux lieux
qui paraissent répondre aux cercles marqués

dans le ciel. La détermination de ces cercles et la considération des différens rapports de la terre au ciel forment l'objet de la géographie astronomique.

Pour faciliter cette étude , on se sert d'une *Sphère artificielle* , qui est un assemblage de points , de lignes et de cercles imaginaires qui , comme nous venons de le dire , servent à reconnaître la marche des astres dans le ciel et qu'on applique aux différentes divisions de la terre.

Dans

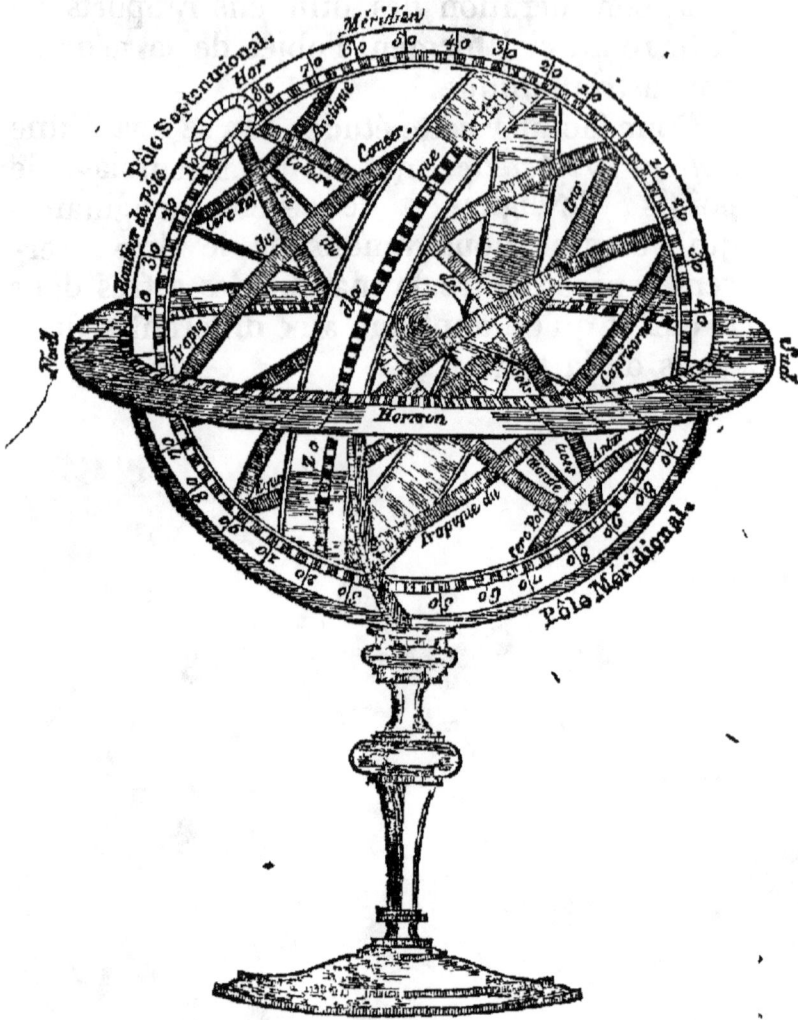

Dans la description de la sphère artificielle,
on appelle *axe* une ligne qui passe par le
centre de la sphère et se prolonge de chaque
côté, A B. On appelle *pole* ou *pivot* chacun
des deux points par lequel l'axe touche la

K

circonférence de la sphère et sur lesquels elle pourrait tourner si l'axe était prolongé par chacune de ces extrêmités CD. Si l'on suppose un plan passant par le centre d'un globe ou d'une sphère, entre ses deux pôles, il se divise en deux parties égales appelées *Hémisphères*.

Les principaux cercles de la Sphère artificielle sont l'Equateur, le Méridien, l'Horison, les Tropiques, les cercles Polaires.

L'Equateur est un cercle qui partage le globe en deux portions égales; il est éloigné de quatre-vingt-dix degrés des extrêmités de la terre ou pôles (1). On l'appelle Equateur, parce que, quand le soleil se trouve dans ce cercle, il y a équinoxe par toute la terre, c'est-à-dire, égalité de jour et de nuit.

Les deux Pôles sont désignés par des noms différens : l'un s'appelle Pôle Arctique, nom qui lui a été donné des deux constellations sous lesquels il se trouve situé, qui sont un assemblage de plusieurs étoiles nommées par les Grecs *Arctos*; expression qui répond à celle d'Ourse en français. L'extrêmité de la terre opposée au Pôle Arctique, se nomme le Pôle Antarctique.

---

(1) Chaque cercle se partage en 360 parties égales, qu'on appelle degrés, chaque degré a 60 minutes, chaque minute 60 secondes.

On a dû observer par les définitions précédentes, que l'Equateur, autrement appelé
ligne Equinoxiale ou simplement ligne, est
un cercle que l'on conçoit sur la surface
de la terre et qui répond à l'Equateur du
ciel : les Pôles, comme nous l'avons dit,
sont les deux points qui terminent les extrêmités de son axe.

Le temps que l'on nomme midi dans chaque contrée est celui où le soleil, dans le
cours de sa révolution journalière, se trouve
parvenu sous le Méridien qui traverse cette
contrée. Le Méridien est un cercle qui sépare le monde en deux moitiés, et que l'on
conçoit passer par le Pôle du monde, et par le
Pôle de l'horison, qu'il coupe en deux points
diamétralement opposés ;
ces deux points se nom-
ment Septentrion et Midi,
ou Nord et Sud. La partie
du monde qui s'étend de-
puis l'Equateur jusqu'au
Pôle Arctique, se nomme
Septentrionale ou Boréale,
ou la partie du nord ; l'autre moitié du globe
se nomme Méridionale ou Australe, ou la
partie du Sud.

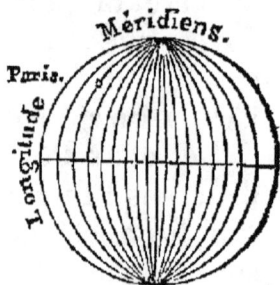

Pour la commodité et l'intelligence des
cartes géographiques, on est convenu de
partir du premier Méridien d'après lequel on
commence à compter les degrés sur l'équateur. Ce premier Méridien avait d'abord été
supposé à l'Isle de Fer, la plus Occiden-

tale des Isles Canaries ; mais depuis les Géographes Français l'ont fixé à l'observatoire de Paris , les Anglais , à celui de Grenwich , et les Hollandais au Pic de Ténériffe.

De quelque point que l'on parte , on commence à compter les degrés en allant vers l'Orient sur la circonférence du globe , jusqu'à ce que l'on soit revenu au point de départ. Il est indifférent de compter en degrés sur l'équateur ou sur un autre cercle qui lui soit parallèle et que l'on divise en 360 degrés que l'on appelle de *Longitude*. Les degrés de *Latitude* se comptent sur les méridiens en allant de l'équateur à l'un des pôles , et la latitude prend le nom de *Septentrionale* ou *Méridionale* suivant le pôle vers lequel on s'est dirigé. *Même figure que ci-derrière , et figure* des Parallèles *à la page suivante.* Le point de rencontre des degrés de longitude avec les degrés de latitude , détermine la position des lieux.

L'horizon est le cercle qui sépare la moitié du ciel visible de l'autre moitié qui ne l'est pas. Il sert à marquer le lever et le coucher des Astres. Le point de l'Horizon auquel le soleil paraît répondre à l'instant de son lever , les jours des équinoxes , est ce qu'on appelle le vrai Orient. Le point du même cercle diamétralement opposé , se nomme l'Occident vrai : ces deux points forment avec le Septentrion et le Midi , les quatre points Cardinaux.

Îl y a autant d'horizons qu'il y a de points
sur la superficie du globe terrestre : mais
il faut qu'il y ait une certaine distance entre eux, pour que leur différence soit sensible.

Les Tropiques sont deux
cercles inférieurs à l'équateur, dont ils sont éloignés
de 23 degrés 29 minutes.
Il y en a deux ; celui du
Cancer ou de l'Ecrevisse,
placé dans la partie sep-
tentrionale ; et celui du
Capricorne, placé dans la partie méridionale.

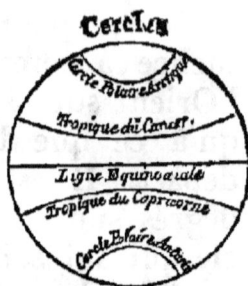

Les cercles polaires sont des cercles éloignés des pôles du monde, de 23 degrés 29
minutes, ainsi que les tropiques le sont de
l'équateur. *Fig. ci-contre.*

Les tropiques et les cercles polaires séparent le ciel en cinq bandes ou zônes, dont
une torride, deux tempérées et deux glaciales. On nomme zone torride ou brûlée,
l'espace comprise entre deux
tropiques ; ceux que ren-
ferment les tropiques et les
cercles polaires s'appellent
zones tempérées. Les zones
glaciales sont comprises entre les cercles polaires et les
pôles.

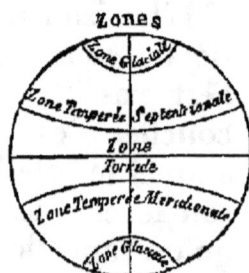

K 3

On nomme climat un espace de terre com-
pris entre deux cercles parallèles à l'équateur. Les climats se partagent en climats
d'heures et en climats de mois. Un climat
d'heure est celui dont le
jour est plus long d'une
demi - heure en sa fin
que dans son commence-
ment. Le climat des mois
est celui dont le plus grand
jour est plus long d'un
mois en sa fin que dans
son commencement.

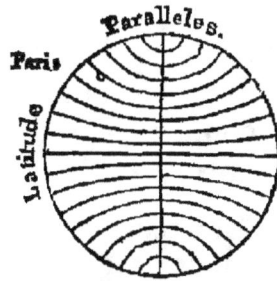

Enfin , on met au nombre des cercles de
la Sphère , le *Zodiaque* , espèce de bande
partagée dans sa largeur par un cercle appelé *Écliptique* , dont le Soleil ne s'écarte
jamais , et dont la circonférence est divisée
comme celle du Zodiaque en douze portions
de 3o degrés , dont chacune renferme un
signe ou constellation , et correspond à l'un
des mois de l'année.

Signes du Printemps.			*Signes de l'Été.*		
Le Bélier ,	Mars	♈	Le Cancer ,	Juin	♋
Le Taureau ,	Avril	♉	Le Lion ,	Juillet	♌
Les Gémeaux ,	Mai	♊	La Vierge ,	Août	♍

Signes de l'Automne.			*Signes de l'Hiver.*		
La Balance ,	Septembre	♎	Le Capricorne ,	Décemb.	♑
Le Scorpion ,	Octobre	♏	Le Verseau ,	Janvier	♒
Le Sagittaire ,	Novembre	♐	Les Poissons ,	Février ,	♓

Du Soleil et des Astres.

Le Soleil est un astre fixe, c'est-à-dire, qu'il ne change pas de place. Il est entouré de diverses planètes qui tournent en plus ou moins de temps autour de lui. On appelle planètes les étoiles qui ont un mouvement; celles qui sont fixes se nomment simplement étoiles. On compte sept planètes autour du Soleil dans l'ordre de leur écartement de cet astre.

Mercure ☿, Vénus ♀, la Terre ♁, Mars ♂, Jupiter ♃, Saturne ♄, Herschel ou Uranus ♅.

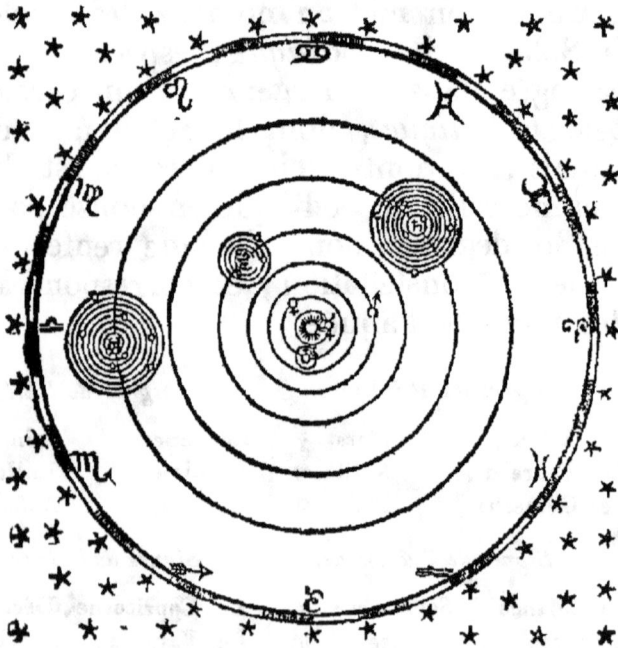

Les étoiles sont placées au-dessus des planètes; pour les distinguer plus facilement, on les a divisées en groupes ou constellations ; dont les unes au nord de l'Equateur, s'appellent *Septentrionales*, et les autres, au midi de l'Equateur, s'appellent *Méridionales*. Ces constellations sont très-nombreuses ; les douze constellations ou signes du Zodiaque dont nous avons parlé précédemment étaient très-anciennement connues. On compte environ 2000 étoiles à la vue simple.

Des Planètes, des Satellites, et de la Terre.

Parmi les planètes, il y en a quatre, la Terre, Jupiter, Saturne et Herschel qui ont des *Satellites*, ce sont comme de petits astres qui sont entraînés par le mouvement de leur planète. Voyez la figure précédente où ils sont indiqués par de petits points blancs placés sur des cercles qui marquent leur révolution autour de leur planète.

La terre est ronde. Cette vérité est démontrée par les faits suivans : 1° si l'on est sur le bord de la mer, sa sphéricité s'apperçoit à l'œil. 2° Si un vaisseau quitte le rivage, le corps du bâtiment disparaît le premier, puis la partie inférieure des mâts, puis leur sommet. 3° Les voyageurs qui ont fait le tour du monde, sont revenus par un point opposé.

Sphéricité de la Terre.

La terre a deux mouvemens. D'abord tou-tes les 24 heures elle tourne sur son axe, comme une boule qui tourne sans changer de place. L'autre mouvement qu'elle exé-cute en 365 jours 50 minutes, ce qui forme l'année, est progressif. Elle avance ainsi comme la roue d'un char qui est en mou-vement, ce qui est représenté dans cette figure.

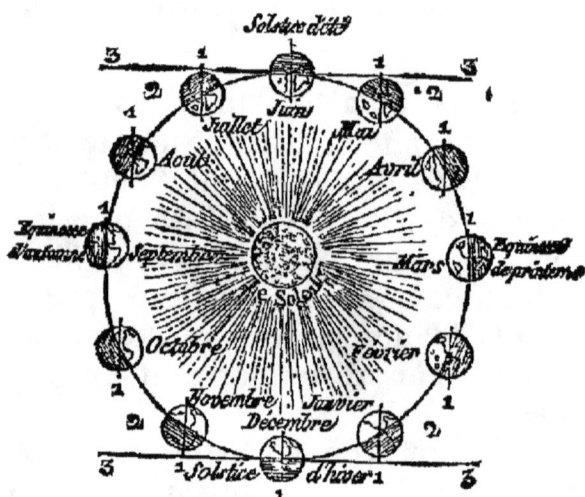

Du mouvement journalier de la terre ré-sultent les jours et les nuits. *Même figure que dessus*, qui indique aussi le temps des *Equinoxes*, dont nous avons parlé à l'article *Equateur*. En Juin et en Décembre la terre paraît ralentir son mouvemens pendant plu-sieurs jours, ce qu'on reconnaît par le soleil qui ne monte ou ne descend pas sensible-

K 5

ment , on a nommé ces jours *Solstices* , qui veut dire station. *Même figure.*

Le contraste des saisons dans les deux hémisphères boréal et austral (1) a fait donner aux peuples qui les habitent des noms particuliers. On appelle *Perisciens* ceux qui habitent les zones froides ; *Hétérosciens* , ceux qui habitent les zones tempérées ; *Amphisciens* , ceux qui habitent la zone torride ; *Asciens* , qui veut dire sans ombre , indique les habitans des zones torrides qui , ayant quelque temps le soleil perpendiculairement sur leurs têtes sont alors sans ombre ; les *Antisciens* , habitent de différens côtés de l'équateur ; leurs ombres ont à midi des directions contraires.

(1) Voyez la page 219.

On donne en général le nom d'Antipodes aux peuples qui ont les pieds opposés les uns aux autres. La figure ci-dessus les représente et les désigne par une ligne qui va de gauche à droite. On ne peut pas dire que les peuples qui sont nos antipodes, par exemple, soient sous terre ; car la terre est un globe, et un globe n'a par lui-même ni dessus ni dessous ; ils n'ont pas la tête en bas, car avoir la tête en bas, c'est l'avoir plus proche de la terre que les pieds : on ne peut craindre qu'ils tombent, puisque tomber s'est s'approcher de la terre. Les peuples antipodes ont les jours, les mois, les heures, les saisons absolument opposées aux nôtres. Quand nous avons le matin ; ils ont le soir ; quand nous avons l'été, ils ont l'hiver, ainsi de suite.

De la Lune.

La Lune est le *Satellite* de la terre, parce qu'elle tourne autour d'elle en l'accompagnant dans sa révolution autour du soleil, et en tournant aussi sur elle-même. Sa révolution autour de la terre s'exécute en 27 jours 43 minutes ; il résulte de la combinaison de ces trois mouvemens, que malgré que la lune ait toujours une moitié de son hémisphère éclairée par les rayons du soleil, il faut pour que nous puissions l'apercevoir, qu'elle présente de notre côté une plus ou moins grande partie de cette portion éclairée, et

K 6

c'est ainsi en effet que nous apercevons
la pleine Lune , son premier et second
quartiers.

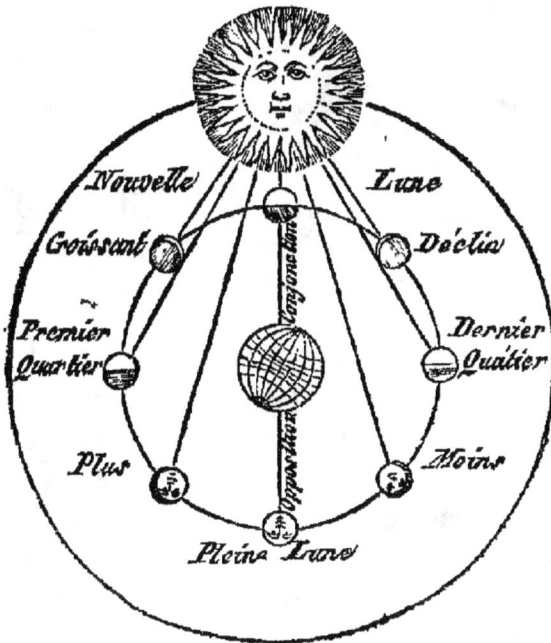

La Lune tourne autour de la Terre, il
arrive nécessairement que lorsqu'elle se
trouve entre la Terre et le Soleil, ce
qu'on appelle *Conjonction* , elle devrait nous
cacher plus ou moins cet astre et produire
ainsi une éclipse de Soleil, et que lorsque

Eclipse de Soleil.

Soleil   Lune   Terre

Eclipse de Lune.

Lune   Terre   Soleil

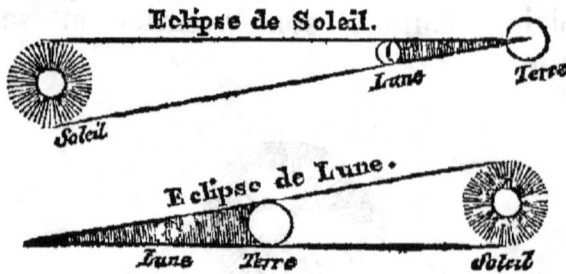

la Terre se trouve entre le Soleil et la Lune,
ce qu'on appelle *Opposition* : elle devrait
couvrir la Lune de son ombre et produire
ainsi une écripse de Lune. Cela arrive aussi
fort souvent ; mais comme l'orbite que la Lune
décrit autour de la Terre n'est pas dans le
même plan que celui que la Terre décrit autour du Soleil, la Lune dans ses *Sizigies*,
(c'est le nom commun que l'on donne à la
. conjonction et à l'opposition) se trouvant fré-
quemment un peu au-dessus ou au-dessous de
l'ombre du Soleil ou de la Terre, alors il n'y
a point d'éclipse. Comme cependant ces deux
orbites se rencontrent à chaque révolution
dans deux points que l'on appelle *nœuds*,
fig. *a*, *b*,   toutes les fois que la conjonction ou   l'opposition ont lieu dans le
voisinage   de ces nœuds, il y a éclipse.
C'est par   cette raison que l'orbite de la
Terre *c a*   reçu le nom d'Ecliptique.

Des Cartes géographiques.

Une carte , en Géographie , est une figure plane qui représente la surface de toute la terre ou seulement quelques-unes de ses parties , telles qu'elles paraîtraient à l'œil à une certaine distance.

On distingue deux espèces principales de cartes géographiques ; savoir , les mappemondes , ou cartes générales de la Terre , et les cartes qui servent à représenter des portions plus ou moins grandes de sa surface.

Les cartes géographiques qui ne représentent que des portions de surfaces terrestres , telles que l'une des quatre parties du monde , un ou plusieurs états , une ou plusieurs Isles , etc. doivent être considérées comme des copies en grand de surfaces qu'on aurait calquées partiellement sur un globe , et auxquelles , en n'altérant pas cependant l'ensemble de leur configuration , on aurait ajouté des détails que les dimensions d'un globe portatif ne permettent pas d'y représenter. Lorsqu'elles ont une grande superficie , relativement au peu d'étendue des pays qu'elles comprennent, on y trouve non-seulement les fleuves , les villes , les montagnes , etc. mais même les ruisseaux , les villages , les collines et tous les autres détails que la nature et la main de l'homme peuvent y avoir multipliés.

Le bord superieur d'une carte bien orientée est toujours le côté du Nord , et par conséquent le bord inférieur est celui du Sud ; l'Est est à droite , et l'Ouest à gauche de la personne qui la regarde : ainsi les lieux situés au bas d'une carte bien orientée sont toujours plus méridionaux que ceux qui leur sont supérieurs , et ceux-ci plus septentrionaux que ceux-là ; ce qui est à droite est à l'Orient de ce qui est à gauche , et ce qui est à gauche à l'Occident de ce qui est à droite.

On trouve quelquefois sur les cartes géographiques une *Rose des vents* pour indiquer la situation des quatre points cardinaux, qu'il est indispensable de savoir reconnaître ; c'est ce qu'on appelle savoir s'orienter. Dans le jour , à midi , un homme tourné du côté de son ombre regarde le Nord ; l'Est est à sa droite , l'Ouest à sa gauche , et le Sud derrière lui.

La division de l'horizon ne se réduit pas aux quatre points cardinaux. On en compte 32 tous également éloignés les uns des autres : les plus remarquables après les quatre points cardinaux, sont le Sud-Est , le Sud-Ouest , le Nord-Est et le Nord-Ouest.

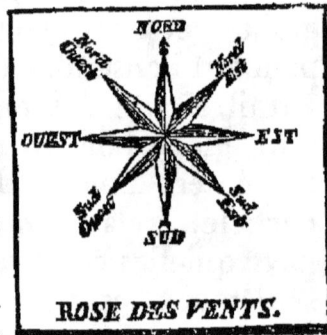

ROSE DES VENTS.

GÉOGRAPHIE HISTORIQUE.

La Géographie historique est la description des lieux où se sont passés les événemens rapportés par l'Histoire ; elle en indique la situation ; elle marque les distances qui les séparent ; elle se divise en Géographie Politique , Géographie Sacrée , et en Géographie Ecclésiastique.

Géographie Politique.

La Géographie Politique est la description des parties de la terre , distinguées par différentes limites que l'ancienne possession , les conquêtes ou les traités de paix ont assignés aux différentes nations qui les habitent. Les diverses formes de gouvernemens donnent des noms différens aux parties de la terre que décrit la Géographie Politique.

On nomme Empire , un état gouverné par un Prince qui porte le titre d'Empereur ; Royaume , celui qui est sous la domination d'un Roi ; République , celui qui est gouverné par l'autorité de plusieurs , République aristocratique , celle qui est régie par un certain nombre de Nobles choisis ; République démocratique , celle où la puissance souveraine est exercée par le peuple.

Toute souveraineté est élective ou héréditaire. On appelle un Etat électif , celui où tout le peuple , ou seulement les grands choisissent le Souverain. Un Etat héréditaire est celui où la puissance souveraine est confiée aux rejetons d'une seule famille, qui se succèdent par droit d'hérédité, sans avoir besoin du consentement ou de la confirmation des sujets, qui sont dans l'obligation légitime de reconnaître son autorité.

On donne généralement le nom de Puissance à toute Domination, Empire, Royaume ou République.

Les pays dépendans de chaque Etat, se subdivisent en Provinces et Gouvernemens commandés par un chef qui tient son pouvoir du Souverain.

On donne le nom de Frontière à toutes les extrêmités des Etats, et celui de Limites à toutes les extrêmités des Provinces contenues dans ces Etats. Les Provinces limitrophes sont celles qui ont des Limites communes.

On distingue le genre humain en diverses sortes de Peuples, dont la manière de vivre caractérise la différence.

On nomme peuples policés et civilisés, les Nations qui vivent sous un gouvernement, quel qu'il soit, et qui observent des lois qu'elles ont adoptées ou qu'elles se sont prescrites. On appelle Barbares ou Sauvages, les Nations qui n'ont aucune forme de Gouvernement. On appelle peuples errans et vagabonds, les Nations qui n'ont aucune demeure fixe, et qui parcourent en corps de certaines parties de la terre, telles que les Tartares Asiatiques et les Sauvages de l'Amérique. On nomme Peuples dispersés ceux qui, n'ayant aucune contrée qui leur soit affectée, sont répandus dans les différentes parties de la terre, et composent cependant une Nation distincte des peuples parmi lesquels ils vivent : tels sont en Asie les Guebres ou les anciens Perses, adorateurs du feu ; et sur-tout les Juifs, qui formeraient aujourd'hui une nation très-nombreuse, s'ils étaient rassemblés de toutes les différentes parties de la terre qu'ils habitent.

Géographie Sacrée.

La Géographie Sacrée est la partie de cette science qui se borne à la description des différentes régions de la terre qui peuvent avoir quelque rapport à l'histoire sacrée des Juifs et des Chrétiens.

Géographie Ecclésiastique.

La Géographie Ecclésiastique est la description du monde chrétien, partagé en différentes juridictions ecclésiastiques, telles que sont les Patriarchats, les Diocèses, Archidiaconats, etc. Cette division n'a lieu que dans la géographie du moyen âge et dans la géographie moderne.

La géographie considérée comme description du globe, se distingue suivant le temps où l'on suppose que cette description a été faite. On assigne trois âges à la géographie.

Le premier âge est celui de la géographie ancienne ; la géographie du moyen âge lui a succédé , et la géographie moderne a servi d'éclaircissement aux deux précédentes.

La géographie ancienne est la description de la terre, telle que l'ont connue les hommes depuis le moment de la création , jusqu'à la décadence de l'Empire Romain.

La géographie du moyen âge est la description actuelle de la terre , tracée depuis la décadence de l'Empire , jusqu'au renouvellement des Lettres.

La géographie moderne est la description actuelle de la terre , depuis le renouvellement des lettres jusqu'à présent.

AVIS AUX MAITRES.

L'Allégorie du P. BRUMOI, sur l'Éducation, doit être la règle de la conduite des meilleurs Maîtres. Il compare le Maître d'Éducation à un Oiseleur, et les Enfans aux Oiseaux qu'on instruit. Il n'y a pas un trait dans toute la pièce qui ne justifie la justesse de la comparaison. Il adresse la parole à un Maître.

Vous faites apprentissage
Dans le métier d'Oiseleur ;
Ce n'est pas un badinage,
Et cet Art veut un Docteur.

Oiseaux d'espèce diverse
Vont exiger votre soin,
Souffrez que je vous exerce,
Et vous prépare de loin.

Les Oiseaux que l'on cajole,
Négligemment et sans Art,
Pour fruit de ce soin frivole,
Chantent souvent au hasard.

Cet exercice pénible
Exige un talent heureux ;
Devenez, s'il est possible,
Oiseau vous-même avec eux.

Connaissez le caractère
De vos tendres Nourrissons,
L'Oiseleur qui veut bien faire,
Y conforme ses leçons.

Craint, si vous le voulez être,
Gagnez pourtant leur amour ;
Ils savent trop vous connaître,
Et vous haïr à leur tour.

Par un éclatant ramage
Ne vous laissez point frapper ;
Qui juge par le plumage,
Est sujet à se tromper.

Point d'injuste préférence,
Elle produit des jaloux,

Entr'eux nulle différence,
Ils sont tous égaux pour vous.

Vous en verrez de volages,
Fixez-les adroitement :
Vous en verrez de sauvages,
Corrigez-les doucement:

Mais par un air trop sévère,
N'aigrissez point leur humeur;
Il faut tempérer en père
La crainte par la douceur.

Il est une heureuse adresse
De faire goûter les Loix;
N'armez jamais de rudesse
L'air, le geste, ni la voix.

Sur l'Oiseleur, quoi qu'il fasse,
Le jeune Oiseau se conduit;
Et l'humeur du Maître passe
Dans l'Elève qu'il instruit.

Un Oiseau dans l'esclavage,
Regrette sa liberté;
Pour lui faire aimer sa cage,
Il veut être un peu flatté.

Qu'un esprit doux et sincère,
Se prête à tous leurs besoins ;
Vous leur tenez lieu de mère,
Vous leur en devez les soins.

Par un trop long exercice
N'effrayez pas vos Oiseaux ;
Que votre Leçon mûrisse
Dans leur débiles cerveaux.

La Leçon, pour être utile,
Doit leur plaire en s'apprenant ;
Et jamais un Maître habile
N'instruira qu'en badinant.

Faites-leur aimer la gloire
En des combats innocens ;
Récompensez la victoire
De leurs timides accens.

Une faible récompense
Animera leur essor ;
D'un Elève qui commence
Louez jusqu'au moindre effort.

Frustré de votre espérance,
Ne vous rebutez jamais ;

Le temps, la persévérance,
Ameneront le succès.

Peut-être, plein de colère,
Briserez-vous vos Pipeaux ;
Mais tel qui vous désespère,
Peut répondre à vos travaux.

Apprenez que cette étude
Où votre esprit s'est fixé,
Est des Emplois le plus rude
Et le moins récompensé.

Mais du public avantage
Si votre cœur est épris ;
Songez, Tircis, que le Sage
L'achète même à ce prix.

FIN.

www.ingramcontent.com/pod-product-compliance
Lightning Source LLC
Chambersburg PA
CBHW061013280326
41935CB00009B/944